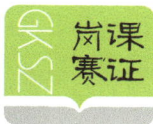

教育类专业"岗课赛证融通"配套教材

岗课赛证
GKSZ

新形态教材
入眼·入脑·入手
易教·乐学

幼儿园教师礼仪

YOU'ERYUAN JIAOSHI LIYI

活页式教材

U0659657

主　编：宋晓妍

副主编：王思斯　刘　鑫　倪　娟　梁　超

北京师范大学出版集团

BEIJING NORMAL UNIVERSITY PUBLISHING GROUP

北京师范大学出版社

图书在版编目（CIP）数据

幼儿园教师礼仪 / 宋晓妍主编.—北京：北京师范大学
出版社，2019.8（2025.8重印）---ISBN 978-7-303-24922-0

Ⅰ.①幼… Ⅱ.①宋… Ⅲ.①幼教人员 – 礼仪 – 幼儿师范
学校 – 教材 Ⅳ.①G615

中国版本图书馆CIP数据核字（2019）第168741号

YOU'ERYUAN JIAOSHI LIYI
出版发行：北京师范大学出版社　www.bnupg.com
　　　　　北京市西城区新街口外大街12-3号
　　　　　邮政编码：100088
印　　刷：北京盛通数码印刷有限公司
经　　销：全国新华书店
开　　本：889mm×1194mm　1/16
印　　张：10.25
字　　数：145 千字
版　　次：2019 年 8 月第 1 版
印　　次：2025 年 8 月第 6 次印刷
定　　价：32.00 元

策划编辑：姚贵平　　　　　责任编辑：郭　瑜
美术编辑：焦　丽　　　　　装帧设计：焦　丽
责任校对：陈　民　　　　　责任印制：赵　龙

这是一本针对学前教育专业在校学生学习现代礼仪、运用现代礼仪、能实施幼儿园礼仪教育的教材。幼儿园教师礼仪是学前教育工作者必须具备的基本职业素养，是促进师幼关系、家园关系和谐，提高教育质量，赢得社会认可的最佳途径，同时也是学前教育专业的一门重要的专业基础课程。本书以训练学习者的职业礼仪素养为目标，旨在使学生明礼、习礼，成为礼仪之师，以礼仪之师，育礼仪之幼儿。

本书以习近平新时代中国特色社会主义思想为指导，以培养幼儿园教师职业礼仪素质为核心，以幼儿园教师职业岗位需求为依据选取编写内容，共分为 7 个模块、26 个任务。内容主要包括幼儿园教师的职业礼仪、形象礼仪、社交礼仪、用语礼仪、教育教学礼仪、见习礼仪、实习礼仪、求职礼仪及家园共育礼仪。

本书的每个任务根据具体需要设置有"学习目标""案例导入""相关链接""思考与练习"等栏目。"学习目标"部分旨在使学习者明确通过本次任务的学习将掌握的知识和技能水平。"案例导入"部分结合幼儿园的教育实例启迪学习者的思维、激发学习者的学习兴趣。"相关链接"部分结合具体理论给出课内外资料，帮助学生深化理解相关理论。"思考与练习"部分，设置相关思考题和训练，以便于学习者及时检查和强化自己的学习效果，把握自己的学习进度。

本书的参考学时为 36 学时。建议在校内的授课为 23 学时，采用理实一体化教学模式，在课程中结合师范生的特点，注意每一个礼仪规范的基本训练与养成，加重实训课时，使学生能真正做到"举手投足皆有礼"。

本书采用"校、园合作，多方共建"的方式进行开发，由山东省职业教育（学前教育专业）名师工作室组建研发小组编写教材。本书由山东省特级教师"齐鲁名师"、山东省教学能手、高级礼仪培训师宋晓妍担任主编，并承担本书前三个模块（幼儿园教师职业礼仪、幼儿园教师形象礼仪、幼儿园教师社交礼仪）的编写工作。模块四（幼儿园教师用语礼仪）由倪娟编写；模块五（幼儿园教师教育教学礼仪）由王思斯编写；模块六（见习、实习礼仪和求职礼仪）由刘鑫编写；模块七（家园共育礼仪）由梁超编写。在本教材的编写过程中，我们有幸得到了众多行业专家的悉心指导与大力支持，在此致以最诚挚的感谢！

特别要感谢枣庄市实验幼儿园武淑静园长，武园长凭借深厚的专业素养与丰富的管理经验，为教材框架搭建提供了高屋建瓴的建议，让内容更贴合幼儿教育实际需求。

枣庄市第二实验幼儿园沈超园长，以其敏锐的教育洞察力，在教学方法和活动设计方面给予了诸多宝贵意见，使教材更具创新性与趣味性。

峄城区教育研究中心学前教研室邸欣主任，凭借对教育理论的深入研究，为教材内容的科学性与系统性严格把关，确保教材质量上乘。

薛城区第二实验幼儿园褚衍慧园长，以丰富的一线教学经验，对教材细节进行了细致雕琢，使教学实践与理论知识紧密结合。

山亭区实验幼儿园高洁园长，在幼儿心理发展和课程融合方面提出独到见解，为教材增添了人文关怀与全面发展的视角。

正是因为各位园长的不吝赐教，本教材才能得以顺利完稿，她们的智慧与心血，将成为引领幼儿教育事业发展的重要力量。同时，对于参与微课视频和图片拍摄的老师和同学，编者在此一并表示衷心感谢！

本书可作为幼儿保育、学前教育专业素养课的教材，也可作为在职幼儿园教师运用现代礼仪，实施幼儿园礼仪教育参考书。由于编者的水平有限，书中难免存在不足之处，敬请专家和读者批评指正。

编　者

目 录
CONTENTS

模块一　幼儿园教师职业礼仪……1

任务一　幼儿园教师礼仪概述…………………………… 2
任务二　幼儿园教师职业礼仪特点……………………… 6

模块二　幼儿园教师形象礼仪……11

任务一　仪容礼仪………………………………………… 12
任务二　仪表礼仪………………………………………… 16
任务三　站　姿…………………………………………… 22
任务四　坐　姿…………………………………………… 26
任务五　走　姿…………………………………………… 29
任务六　蹲　姿…………………………………………… 31
任务七　手势语…………………………………………… 34
任务八　表情礼仪………………………………………… 39

模块三　幼儿园教师社交礼仪……43

任务一　见面礼仪………………………………………… 44
任务二　介绍礼仪………………………………………… 49
任务三　名片礼仪………………………………………… 53
任务四　电话礼仪………………………………………… 55
任务五　餐饮礼仪………………………………………… 60

模块四　幼儿园教师用语礼仪……67

　　任务一　幼儿园教师的语言原则……………………… 68
　　任务二　幼儿园教师的教学用语礼仪………………… 72
　　任务三　幼儿园教师的谈话礼仪……………………… 78

模块五　幼儿园教师教育教学礼仪……84

　　任务一　师幼交往礼仪………………………………… 85
　　任务二　幼儿园教师保育礼仪………………………… 93
　　任务三　幼儿园教师教学礼仪………………………… 97
　　任务四　幼儿园教师在幼儿一日活动中的礼仪要求……… 101

模块六　见习、实习礼仪和求职礼仪……106

　　任务一　见习、实习礼仪……………………………… 107
　　任务二　求职礼仪……………………………………… 117

模块七　家园共育礼仪……130

　　任务一　家长会礼仪…………………………………… 131
　　任务二　家访礼仪……………………………………… 135

参考文献………………………………………………………139

模块一

幼儿园教师职业礼仪

以爱为基，责任为本

幼儿园教师，是幼儿成长路上的重要引路人，其言行举止、礼仪风范都对幼儿有着深远影响。正如党的二十大报告中强调的"落实立德树人根本任务"，我们幼儿园教师肩负着为党育人、为国育才的神圣使命。

教育家精神也激励着我们以爱为基，以责任为本，用高尚的品德和专业的素养去滋养每一个孩子。在日常工作中，教师的每一个微笑、每一次弯腰倾听、每一句温暖话语，都是礼仪的展现，都是对幼儿无声的教育。让我们以党的二十大精神为指引，弘扬教育家精神，从自身做起，注重礼仪规范，用优雅的举止、文明的语言，为幼儿树立良好榜样，在孩子心中播下文明礼仪的种子，共同为幼儿教育事业的发展贡献力量。

学习导航

模块一　幼儿园教师职业礼仪

　　任务一　幼儿园教师礼仪概述

　　任务二　幼儿园教师职业礼仪特点

任务一
幼儿园教师礼仪概述

学习目标

1. 了解幼儿园教师礼仪的概念界定和内容。
2. 领悟幼儿园教师注重礼仪的特殊性。
3. 深刻领悟幼儿园教师运用礼仪的原则。
4. 能初步判断自己的言行是否合乎礼仪。

案例导入

1987年，75名诺贝尔奖获得者齐聚巴黎。人们对诺贝尔奖获得者既充满崇敬，又充满好奇。有位记者恭敬地问其中一位获得者："您认为自己一生中最重要的东西是在哪所大学或哪个实验室学到的呢？"

这位白发苍苍的老者平静地回答："幼儿园。"

记者非常惊讶，简直不敢相信自己的耳朵："幼儿园？在幼儿园里您能学到什么重要的东西呢？"

老者微笑着说："在幼儿园里，我向老师学到了让我终生受益的东西。比如，有好东西要和朋友分享，不是自己的东西不要拿，东西要放整齐，饭前要洗手，午饭后要休息，做错了事要表示歉意，要多思考，要仔细观察大自然，等等。"

听罢，在场的所有人报以热烈的掌声。

一、幼儿园教师礼仪概念界定

幼儿园教师礼仪是指教师在幼儿园从事班级管理及对幼儿进行教育、保育工作时所必须遵守的礼仪规范或表现出的应有的气质与风度。

二、幼儿园教师注重礼仪的特殊性

教师被誉为"人类灵魂的工程师",担负着教书育人、为人师表的神圣职责。教师仪表又是整个师者风范的重要内容之一,为此,教师的仪表就要符合两个要求:一是要有职业美,衣着、发式整洁大方,体现教师形象;二是要有风度美,做到举止稳重端庄,落落大方,体现教师的素养。

在任何场合,教师都应自觉地保持良好的仪表,待人接物温和自然,举止态度谦恭庄重。这样才能赢得幼儿的爱戴、家长的信任以及社会的尊重。

1. 幼儿园教师注重礼仪有利于幼儿健康成长

首先,0~6岁是人生的第一个成长阶段,是社会性发展的最佳时期。由于幼儿的模仿性强,教师的言行举止都是幼儿学习的榜样。教育家加里宁曾说:"一个教师必须好好检查自己,他应该感觉到他的一举一动都在严格的监督之下,世界上任何人也没有受到这样严格的监督。"这就要求教师在幼儿面前必须塑造良好的形象,以自己的言行感染幼儿,做幼儿的典范。其次,教师经常保持清新、端庄、美丽、大方的外表,朝气蓬勃、可亲可敬的举止,能使教师与幼儿建立良好的感情联系,使幼儿产生积极愉快的情绪,提高幼儿参与教育活动的积极性,为健康成长创造宽松、和谐的生活、学习环境。

2. 幼儿园教师注重礼仪有利于同事之间建立良好的人际关系

在日常工作中,教师之间相互交往、相互联系,务必讲究文明、礼貌待人、团结友善,这不仅有助于创设一个和谐的环境,而且有利于建立良好的人际关系。

3. 幼儿园教师注重礼仪有利于增进家园合作

教师对家长礼貌相待,能在家园之间架起友谊的桥梁,有助于增进家园间的交流、沟通。

? 想一想

1. 为什么班上的小女孩都穿上了薄薄的裙子?
2. 王老师的仪表合适吗?

学习笔记

案 例 导 入

　　某幼儿园一名实习老师因班上一男孩不经同桌允许，私自拿了小朋友的彩笔，就严厉地批评孩子，说孩子是"小偷"，并且打了孩子的手心。结果同班的小朋友都对这个男孩指指点点，说他是"小偷"，更有淘气的小朋友模仿老师的行为，让孩子伸出手来打手心。这个男孩因此不敢再上幼儿园。家长了解情况后，将这名实习老师告到了教育局。

想一想

1. 这名实习老师的做法妥当吗？
2. 你认为应该怎么处理这个问题？

学习笔记

三、幼儿园教师运用礼仪的原则

　　幼儿园教师礼仪的内容相当广泛，意义深远。提高自身素质、培养良好修养，是新时代教师应有的素质。在学习礼仪、运用礼仪时，教师应把握以下基本原则。

　　第一，宽容。即在交际活动中，既要严于律己，更要宽以待人。

　　第二，敬人。即在社会交往中，做到敬人之心常存，切不可失敬于人，甚至伤害他人的尊严。

　　第三，自律。这是礼仪的基础。学习、应用礼仪，最重要的就是要自我要求、自我约束、自我控制、自我对照、自我反省、自我检点。

　　第四，遵守。在交际应酬中，每一位参与者都必须自觉、自愿地遵守，用礼仪去规范自己在交往活动中的言行举止。

　　第五，适度。应用礼仪时要注意做到把握分寸、得体大方。

　　第六，真诚。做到真诚待人、诚实守信、言行一致、表里如一。

　　第七，从俗。由于国情、民族、文化背景的不同，必须坚持入乡随俗，与绝大多数人的习惯做法保持一致，切勿目中无人、自以为是。

　　第八，平等。这是礼仪的核心，即尊重交往对象，以礼相待，对任何交往对象都必须一视同仁，给予同等程度的礼遇。

四、幼儿园教师礼仪的内容

　　幼儿园教师礼仪的内容包括教师自身素养，师幼交往，教师与领导、同事、家长交往及教师在幼儿园一日活动中所必须遵守的礼仪规范。

思考 与 练习

1. 幼儿园教师礼仪如何界定？

2. 幼儿园教师注重礼仪有什么特殊意义？

3. 幼儿园教师运用礼仪有哪些原则？

学习反思 ▶▶▶

任务二
幼儿园教师职业礼仪特点

学习目标

深刻领悟幼儿园教师职业礼仪四大特点。

案例导入

　　某幼儿园要招聘一名教师。某职业学校的校长和班主任向园长推荐了学习成绩最好的张同学、围棋最好的李同学、舞蹈最好的陈同学，还有美术最好的高同学，可园长却录用了相貌平平、平日里默默无闻的王同学。校长和班主任都感到奇怪。园长解释说："王同学神态自然，服装稳重正式、整洁得体；进门时在门口蹭掉脚下带的泥土，进门后随手轻轻地关上门；进了办公室，用柔美的声音、甜美的微笑向我们问好；其他人都对我故意放在地上的铅笔视而不见，唯有她很自然地俯身捡起来并双手递给我；她回答问题时，语言简洁明了，轻柔中充满自信。你们说，她是不是最棒的？"

不同行业都有各自的行业规范，相应的职业礼仪也有不同特点。幼儿园教师职业礼仪的特点可以归纳为敬、静、净、雅。

一、敬

敬，即尊敬，有礼貌地待人处事。没有敬就没有礼。作为幼儿园教师，要常怀"敬"心，时时处处不可失敬于人，不能伤害他人尊严，更不能侮辱他人人格。"敬"是人际交往获得成功的重要保障。

1.敬事业

幼儿教育是国民教育的重要组成部分，是终身教育的开端，是基础之基础。只有有了这样的认识，幼儿园教师才会产生高度的责任感，才会增强对幼儿教育事业的情感，对工作才会倾注满腔的爱和热忱，才能在任何情况下都竭尽全力地把工作做好。

2.敬幼儿

敬幼儿就是要求教师尊重幼儿的个性，呵护幼儿的自尊，善待幼儿的错误。幼儿虽然年龄小，但也是有自尊心的，而且他们的自尊心更脆弱，更需要呵护。特别是面对调皮的幼儿时，如果不尊重他们的个性，不去分析问题产生的原因，不寻求恰当的教育方法进行因材施教，而是一味地批评，甚至是体罚、变相体罚等，就会伤害幼儿的自尊。一旦幼儿自尊心受到伤害，往往也会对其心理造成伤害。因此，教师要真正理解与体会"尊重"二字的深刻含义，就必须站在幼儿的角度去思考问题，建立民主和谐的师幼关系，实现师幼在人格上的平等，这样才能真正做到"敬幼儿"。教师蹲下来和幼儿说话，放下教师权威的架子，给予幼儿爱、自由、平等，就是敬幼儿的一种行为表现。

一名优秀的幼儿园教师，面对幼儿时要能笑脸相迎，要能时刻做出回应，要有鼓励的眼神，要能以爱相待。唯有如此，才能让幼儿在一种宽松、和谐、平等的环境中健康成长。

3.敬家长

《幼儿园教育指导纲要（试行）》中指出：家庭是幼儿园重要的合作伙伴。幼儿园不能关起门来办教育，只有教师和家长联起手来，才能形成教

想一想

幼儿园园长为什么会选择王同学？

学习笔记

育合力，否则可能两相抵消，产生"1 + 1 ≤ 0"的效果。幼儿园教师应本着尊重、平等、合作的原则，争取家长的理解、支持和合作参与，并对家长在科学育儿方面进行指导，保证交流渠道的通畅。

4. 敬同事

幼儿园教师对领导要敬重，服从而不盲从，尊重而不奉承，自觉接受领导的安排，树立领导的威信；对同事要敬重，要正确处理与同事间的关系，互尊互学，互帮互助，取人之长，补己之短。老教师教育教学经验丰富，但有时缺乏开拓精神；年轻教师思想敏锐，有朝气，富有创新精神，但缺乏教学经验，需要指导和锤炼。所以，年轻教师应主动、虚心地向老教师请教，学习他们多年的经验，使自己不断成熟起来；老教师应该满腔热情地爱护和关心年轻教师的成长，学习他们的求知创新精神，使自己的心态永葆青春。

二、静

一个知礼、行礼之人，身上必有"静气"，要神清气定、沉静从容。

幼儿园教师要静气处事。当幼儿不配合或不听话时，教师要晓之以理、动之以情，不能粗口相向或大声威吓，更不能发怒生气，应该冷静下来以后再处理问题，这样才能考虑得周全，才能既把问题处理好又不伤害幼儿的自尊，才能和幼儿建立良好的师幼关系。

幼儿园教师要静心学习。学无止境，活到老，学到老。世界在变化，知识在更新，新的教育理论、新的教育内容、新的教育方法不断产生，幼儿园教师不能只满足于自己已有的专业知识，而应静下心来，终身学习，多看各类有益于自己职业发展的书籍，这是修身、明礼、治教的一个重要途径。

幼儿园教师要静心修为。在当今社会，部分人对物质、对金钱的膜拜在一定程度上冲击着当前的教育。教师肩负着培养社会、民族的未来人才的重任，只有耐得住寂寞、耐得住清苦、守得住信仰，才能把这份职业做成事业。

三、净

净，指仪容仪表整洁干净，服装得体洁净。

清洁卫生是仪容美的关键，是礼仪的基本要求。一个人不管长相有多好、服装有多华贵，若是身有异味、衣衫不整，必然会破坏美感。所以每一个人都要养成良好的卫生习惯，做到勤洗澡、勤洗手，经常换衣服，以保持面容洁净、服装干净。另外，不能在人前"打扫个人卫生"，如剔牙、修指甲等，否则不仅不雅观，也显得不尊重他人。

整洁卫生是对幼儿园教师最基本的礼仪要求。教育家马卡连柯说："教师必须衣服整洁，头发和胡须都要弄得像样，鞋袜洁净，双手清洁，修好指甲和经常备有手帕"，他甚至认为"从口袋里掏出揉皱了的脏手帕的教师，已经失去了当教师的资格"。如果幼儿园教师不注意个人卫生，不但不能给幼儿树立好榜样、不能教育幼儿养成良好的卫生习惯，还容易将细菌传染给抵抗力弱的幼儿，导致幼儿生病，给幼儿身体健康造成危害。

四、雅

1. 仪态举止优雅

幼儿园教师的仪态举止包括坐、立、行、蹲等姿势，以及表情、动作、行为习惯等，是教师与幼儿交往中的"人体信号"。

教师在与幼儿相处过程中的任何姿势和动作都是幼儿模仿的对象，因此，教师的举止应该是稳重得体、落落大方的，要能表现出文明礼貌的要求，给幼儿以美的感受。幼儿园教师举止文明总的要求是：站姿稳定，坐姿庄重，走姿自然，神态谦和。

2. 谈吐文雅

幼儿园教师说话时要使用标准的普通话和规范的语言，谈吐要符合幼儿心智发展规律，贴近幼儿心智发展水平，形象地向幼儿传授知识，化抽象为具体，化深奥为浅显，激发幼儿的学习兴趣，提高幼儿的审美能力，陶冶幼儿的情操。

幼儿园教师要带头使用礼貌用语，如"您好""请""谢谢""对不起""再见"等，营造和谐的师幼关系，为幼儿树立礼仪榜样。

3. 服装典雅

幼儿园教师的服装要得体、大方，符合职业角色。要根据幼儿天真烂

学习笔记

漫、喜欢鲜艳色彩的特点，选择明快、温暖的颜色，如绿、柠檬黄、天蓝、粉红等，以增加幼儿对教师的喜爱，让幼儿感觉到教师的可亲、可敬、可爱。教师切忌不修边幅，这会给人以邋遢的感觉。

4. 风度儒雅

风度是一个人特有的待人接物的行为方式，是内在美的自然流露。对幼儿园教师而言，儒雅的风度应该是不卑不亢、落落大方、语言文明、举止得体、亲切慈爱、面和气祥。儒雅的风度通过人的语言、举止、服饰、态度等表现出来，但良好的文化修养、渊博的学识、精辟独到的思辨能力才是其内在的基础要素。

5. 气质高雅

气质是指一个人内在涵养或修养的外在体现，不是表面功夫。如果胸无点墨，即便服饰再华丽，也是毫无气质可言的，只会给别人肤浅的感觉。因此，用培养气质来使自己变优秀，比用服装和打扮来美化自己要具备更高一层的精神境界。

"腹有诗书气自华"，幼儿园教师只有不断学习，加强自己的文化修养、行为修养、言谈修养、道德修养，才能成为有气质、有风度、有魅力的人，成为受幼儿尊敬、受幼儿爱戴的优秀教师。

思考 与 练习

1. 幼儿园教师职业礼仪"敬"的内涵是什么？
2. 幼儿园教师职业礼仪"静"的内涵是什么？
3. 幼儿园教师职业礼仪"净"的内涵是什么？
4. 幼儿园教师职业礼仪"雅"的内涵是什么？

学习反思 ▶▶

模块二

幼儿园教师形象礼仪

以礼塑德，启蒙未来

在幼儿教育的园地里，教师不仅是知识的启蒙者，更是文明礼仪的播种人。党的二十大精神强调落实立德树人根本任务，而教育家精神倡导用爱与责任培育幼苗。作为幼儿教师，我们的形象礼仪，是对这些理念最生动的践行。

从仪容的整洁端庄，到仪表的得体大方，从站姿的挺拔自信，到坐姿的优雅稳重，从走姿的轻盈从容，到蹲姿的亲切温和，每一个细节，每一次展现，都承载着教育的力量。手势语的精准表意，表情礼仪的真诚友善，皆如春风化雨，滋润幼儿心田。

我们以得体的仪容仪表，传递对职业的尊重；以优雅的身姿仪态，彰显教育的温度；以丰富的表情手势，点燃幼儿探索的热情。让我们秉持党的二十大精神与教育家精神，以良好的形象礼仪为笔，描绘幼儿成长的美好画卷，为祖国培育德才兼备的未来栋梁。

学习导航

模块二 幼儿园教师形象礼仪

- 任务一 仪容礼仪
- 任务二 仪表礼仪
- 任务三 站姿
- 任务四 坐姿
- 任务五 走姿
- 任务六 蹲姿
- 任务七 手势语
- 任务八 表情礼仪

任务一
仪容礼仪

学习目标

1. 了解幼儿园教师仪容礼仪修养的要求。
2. 掌握仪容修饰规范。
3. 学习简单的化妆技巧。

学习笔记

一、幼儿园教师仪容礼仪修养

著名教育学家加里宁曾说过："教师仿佛每天蹲在几百面镜子前面，因为课堂上有几百双尖锐的、敏感的、善于窥视优点和缺点的孩子的眼睛，在不断地盯着你。"就个人的整体形象而言，仪容是整个仪表中至关重要的组成部分，它反映一个人的精神面貌，是传达给接触对象感官的最直接、最生动的第一信息。在个人仪表问题中，仪容问题是重中之重。那么，作为一名幼儿园教师，怎样才能体现出仪容仪表的美呢？

1. 自然美

仪容修饰讲究自然美。幼儿园教师应以淡雅自然为主，适度矫正面部特征的某些不足，做到扬长避短。若片面强调个人面部的美化，刻意去改变自己的容貌，不仅没必要，而且会失去自然美。

2. 和谐美

仪容修饰讲究和谐美。仪容修饰应符合自己的职业身份、年龄、性别，要与周围环境协调。

3. 整体美

仪容修饰讲究整体美。修饰的各部分要整体协调，强调整体效果。注意个人形象应该是每个教师的责任和义务。

教师良好的仪容不仅表现为外在的自然、和谐的外貌，更表现为内在的精神陶冶。随着时光的飞逝，仪容会发生变化，我们可以用修饰的方法使自己的仪容更具魅力。更重要的是，要使自己不断提高个人文化素养、培养自己高雅的气质和美好的心灵，使自己的仪容美达到内外皆修，产生出由内而外的美丽。

二、女教师的仪容礼仪修养

1. 女教师仪容修饰要点

女教师仪容修饰关键要做到"秀于外"与"慧于中"二者并举。

2. 女教师仪容修饰规范

第一，女教师头发应前不遮住眼睛、后不披肩，超过肩的长发应束起或盘起，不可随意披散于肩背。发式要清爽、干练且典雅不夸张。过于蓬松、颜色艳丽的头发会引起幼儿的过分注意，也不便于日常教学指导。不提倡教师染彩发。

第二，教师经常会和幼儿亲密接触，保持手部干净尤为重要。教师要做到勤洗手，勤修剪指甲，不蓄留长指甲，指甲油以淡色为宜。当手部皮

📖 学习笔记

🌱 相关链接

化妆的基本技巧

第一步，洁面。彻底清洁面部后拍打化妆水，用护肤霜做好基础保养。

第二步，打粉底。粉底用于面部遮瑕、调整皮肤色调和增强面部立体感。应使皮肤显得自然而有光泽，使化好的妆看起来细腻而有质感。干燥的皮肤宜选择液体粉底，特别是干燥且皮肤黯淡的可选择霜状粉底，中性或油性皮肤宜用特质粉底。试用粉底时，要注意脸上的T形部分，即额头至鼻间的区域。这一部分通常油脂分泌较多，容易脱妆，所以要特别注意将粉底涂抹均匀。眼睑部位宜用冷霜涂抹，既可保护眼部皮肤，又可防止化妆脱落。

第三步，扑粉。用以定妆，防止化妆脱落，并可抑制过度的油光。用大而松的粉扑取粉拍

在脸上，多余的粉用干净的粉刷扫去。香粉要根据自身的肤色进行选择，白的皮肤可选择浅色粉饼，黝黑的皮肤可选择小麦色粉饼。

第四步，上腮红。涂腮红时，应用粉刷取适合的腮红沿颧骨向鬓边轻轻刷成狭长的一条。脸型不够理想的，在刷好腮红后，还应用较深的腮影遮盖缺陷。如两腮较大者，可用深色腮影刷出满意的脸型，并将突出的两腮用腮影遮盖；颧骨较高者，可在颧骨四周涂深色腮影，腮边及两鬓则可涂上浅色腮影。

第五步，画眼线。眼线可使眼睛看上去大而有神。眼线的基本画法是：沿眼睛轮廓，上眼线全画实，下眼线则从大眼睑离眼端1/3处画至眼尾，而不能把眼睛的四周涂成黑黑的一圈。

第六步，涂眼影。根据情况的需要，可以在眼部涂上眼影，形成深邃动人的感觉。东方女子同西方女子相比，眼窝浅且多数人眼袋浮肿，因此不能照搬西方女子喜爱的蓝色、红色眼影。较适合的有珊瑚色、朱红色、橘色、灰色等。用眼影棒或粉刷取适合的眼影，轻轻沿45度方向涂在上眼皮上并向眼尾处抹匀，并可在眼头或眼尾处加以强调，以达到不同的效果。

第七步，涂睫毛膏。画完眼线和眼影，可涂上睫毛膏，使睫毛显得长密，眼睛明亮有神。

第八步，描眉。能够使眉毛更有形，从而衬托整个脸部。

第九步，描唇。用唇线笔先描唇形。若对唇形不满意，要先用唇线笔画出理想的形状，再涂口红加以修正。为使涂上的口红不易脱落，可先涂一层口红，然后用面巾纸沾去浮色，再涂一层无色上光唇油，就不会发生将口红印在餐具上的难堪局面了。

选自金正昆、刘桦编：《现代礼仪》，135～136页，北京，北京师范大学出版社，2006。

🖋 学习笔记

肤出现红肿、裂口等情况时应及时进行护理治疗。

第三，注意保持眼部清洁和防护，要求工作时眼睛无分泌物，配戴眼镜时眼睛要端正、明亮，不戴墨镜或有色的隐形眼镜。

第四，鼻孔干净，不流鼻涕；擦鼻涕时应注意要用手帕或纸巾擦拭，切不可当众挖鼻孔。

第五，耳朵内外干净。

第六，牙齿洁白，口腔无异味；饭后应检查牙齿上有无残渣，口腔有无异味。

第七，汗毛若有碍观瞻，最好能进行适当的脱毛。特别需要强调的是，腋毛属于个人隐私，被人看见是很失礼的。在正式场合，不穿会令腋毛外露的服装；在非正式场合，若要穿无袖服装，则一定要事先处理好。

3. 女教师的化妆礼仪要求

化妆，是通过使用一定的美容用品来修饰自己的仪容、美化自我形象的行为。

女教师在化妆时应做到化而不露、妆而不觉、清新自然。工作期间的妆容应自然、大方、淡雅，与肤色、衣服相匹配，杜绝浓妆艳抹，不使用有刺激性味道的化妆品。自然光下，化妆后要经常进行检查，以防止自己的妆容出现残缺。特别是出汗之后、休息之后、用餐之后，尤其应当及时自查妆容。

三、男教师的仪容礼仪修养

随着时代的发展、人们观念的改变，越来越多的男教师走进幼儿园。或许很多男教师认为，仪容修饰是女士的事情，与他们无关，甚至还认为自己在忙大事，没时间考虑这些，可以放任自己蓬头垢面、不修边幅。这种想法其实很不妥，从生理角度来讲，男士更需要接受仪容指导。从儿童心理学角度来讲，幼儿主要是直观思维，美好的东西会引起他们愉快的情绪。老师容光焕发，能给幼儿心理上带来愉悦感。可见，男教师的仪容更应注重干净、整洁。男教师仪容修饰除了遵守上述的女教师的规范外，还需做到：头发前不覆额，侧不掩耳，后不及领，面不留须；经常修剪鼻毛，不让其外露；胡子刮干净或修整齐，不留长胡子、八字胡或其他怪异的胡子。

思考 与 练习

1. 女教师仪容修饰规范有哪些？

2. 男教师仪容修饰规范有哪些？

3. 为自己化一个清新淡雅的工作妆。

学习反思 ▶▶

学习笔记

任务二
仪表礼仪

学习目标

1. 了解着装原则。
2. 掌握教师的着装要领。
3. 了解教师的着装禁忌。
4. 掌握饰品的佩戴原则。
5. 学会正确地佩戴饰品。

📝 学习笔记

🌳 案例导入

　　王莉是一名年轻的幼儿园教师，人很漂亮，非常爱打扮。初春，乍暖还寒，她就迫不及待地换上了薄裙，烫了多色的卷发。第二天，班上的小女孩都穿上了薄薄的裙子。有个小女孩还告诉妈妈："妈妈，我们老师今天头发好漂亮哦，什么颜色都有，我也想像老师一样。"第三天，班上很多小女孩都冻感冒了。

💡 想一想

1. 为什么班上的小女孩都穿上了薄薄的裙子？
2. 王老师的仪表合适吗？

　　教师的仪表代表着教师的精神风貌。一个积极向上、朝气蓬勃的好教师，在穿衣打扮上也应该对幼儿起潜移默化的教育作用。仪表美不仅展现了一个人的精神气质、外在表现等，更在向我们传递着一个人的道德修养、文化水平、审美情趣和文明程度。莎士比亚说过："服装往往可以表现人格。"一个人的穿着往往能展现一个人的格调、修养和爱好，服装的功能已从御寒防暑转向审美，恰到好处的服饰选择和搭配就能创造出美。教师着装应遵循以下原则。

一、着装原则

1.TPO 原则

TPO 原则是着装的基础原则。具体说来，T、P、O 分别是英语中的 Time、Place、Object 三个单词的首字母。"T"指时间，泛指早晚、季节、时代等；"P"代表地方、场所、位置、职位；"O"代表目的、目标、对象。TPO 原则是目前国际上公认的衣着标准。

2.整体性原则

正确的着装应尽显个体的完美和谐。第一，要遵守服装本身的约定俗成的搭配。第二，要使服装各部分相互适应，力求展现服装的整体美。第三，使穿着符合个人的年龄、形体。正确的着装能起到修饰形体、容貌等作用，形成和谐的整体美。整体美包括：款式美——造型和谐，巧妙塑造人体形象美；色彩美——色彩和谐，使人产生良好的心理效应；质地美——面料的质感直接影响服饰造型与色彩的效果。整体的服饰美就是从多种因素的和谐统一中显现出来的。

3.个性化原则

着装的个性化原则，主要指依个人的性格、年龄、身材、爱好、职业等要素着装，力求反映一个人的个性特征。具体说来有两点：第一，着装应照顾自身的特点，做到量体裁衣；第二，着装应创造和保持自己的风格，忌过于随意。选择服装因人而异，重点在于展示所长、遮掩所短，显现独特的个性魅力和最佳风貌。特别是幼儿园的男教师，一定要保持阳刚、坚强、负责任的仪表形象。

4.整洁原则

整洁原则具体表现为：第一，服装应当整齐，不皱不折；第二，服装应当完好，不破不残；第三，服装应当干净，不脏不臭；第四，服装应当卫生，勤洗勤换。不允许衣物上存在明显的污迹、汗味等。在任何情况下，服饰都应该整洁干净，衣服不能沾有污渍，不能有绽线的地方，更不能有破洞，扣子等配件应齐全。衣领和袖口处尤其要注意整洁。

二、女教师的仪表修养

1. 女教师的着装要领

在条件许可的前提下，女教师应该尽量穿园服，不仅可以体现园所的规范性，同时也避免了教师每日选择工作服装的难题。女教师的着装应该是优雅的和庄重的，忌标新立异、奇装异服。据心理学研究表明，儿童的注意力以无意注意为主，意志的成分较少，任何新奇的刺激都可以成为他们的注意焦点。所以教师如果不顾幼儿的心理特点，一味追求奇装异服，必定会影响幼儿的学习效果。女教师着装还需遵守得体原则。不管是选择色彩明快、鲜艳的服装，还是柔和、大方、典雅的淡素系列服装，都必须简约、得体。任何烦琐冗杂的服饰和过分暴露短小的服饰都不适合幼儿园教师。幼儿园不是T型台，教师不是模特，一旦选择了幼教这个职业，就应该有与这个职业相适合的一些最基本的外在形象。

第一，便于幼儿园教育教学活动的开展。幼儿园教师的着装应遵循幼儿园工作的需要，在考虑美的同时，还应考虑到自己的衣服是否便于蹲下来跟孩子讲话，是否便于同孩子们一起奔跑、一起做游戏。显然，穿着舒适、简洁、方便活动的服装更有利于开展幼儿园一日活动。教师在当班时间要穿平底鞋、软底鞋、旅游鞋，不穿凉鞋、高跟鞋或露趾的拖鞋；活动时穿轻便、色彩明快的休闲装或运动装，过于长的大衣、风衣不利于组织户外活动。

第二，充分考虑教师与幼儿接触时的卫生和安全因素。幼儿园的教育是保教结合的教育，服装的面料应以纯棉或高支棉为主。一方面，教师穿着舒服，便于活动；另一方面，不至于出汗后某些化纤织物产生异味。同时教师的服装上不应该有过多的装饰片或串珠的佩饰，如果不小心碰到或散落就有可能存在安全隐患。

2. 女教师着装的注意事项

第一，忌过分时髦。

第二，忌过分暴露。

第三，忌过分随便。

第四，忌过分透视。

第五，忌过分紧贴。

三、男教师的仪表修养

男教师是幼儿教育中的新生力量，也是幼儿园中阳光的象征。男教师的着装在遵循上述原则和要求的同时，还需要注意以下几点。

1. 休闲装、运动装都是男教师的首选

男教师的造型要以阳光、亲和为主，但这并不意味着穿着可以随便、不修边幅。男教师在着装时不能穿短裤，长裤的裤脚不可卷起；西装由于不方便日常教学，因此不推荐穿。

2. 袜子在个人形象的塑造中起着重要作用

除了每日换洗，袜子的选择还要注意面料和颜色，与鞋子和裤子保持和谐。尼龙丝袜、色彩鲜艳的袜子和白色运动袜可以用来搭配休闲装和运动装。袜子要足够长，保证坐下后不露出皮肤和腿毛。

四、佩饰礼仪

教师可适当佩戴饰品，但要遵守一定的规则。

1. 佩戴规则

数量原则：以少为佳。在佩戴多件首饰时，总量不应超过三件。

色彩原则：力求同色。若同时佩戴两件或两件以上的首饰，应使色彩一致，千万不要让所戴的首饰色彩斑斓。

质地原则：争取同质。若同时佩戴两件或两件以上的首饰，应使质地相同。另外，高档首饰尤其是珠宝首饰适用于社交场合，不适宜在工作或休闲时佩戴。

身份原则：选戴首饰要适合本人身份、性别、年龄和工作环境。

体型原则：配合形体。充分正视自己的形体的优缺点，使首饰的佩戴为自己扬长避短。

季节原则：吻合季节。季节不同，所戴首饰也不同。金色、深色首饰适合寒冷季节佩戴，银色、艳色首饰适合温暖季节佩戴。

搭配原则：协调统一。佩戴首饰应视为服装整体中的一部分，要使首饰与服装的质地、风格相互般配。

习俗原则：遵守习俗。不同的地区和民族，首饰佩戴的方法各有不同，为此，要多了解、尊重习俗。

安全原则：幼儿园教师的佩饰应该符合卫生和安全要求，便于教学活动的开展，不对幼儿的安全产生隐患。

2. 佩饰要求

（1）戒指。

戒指又叫指环，它佩戴于手指上，男女老少皆宜。戴戒指时，一般讲究戴在左手上，而且最好仅戴一枚。按照惯例，戒指在食指上表示目前单身且觅偶，戴在中指上表示正在热恋中，戴在无名指上表示已婚，戴在小指上表示独身。拇指上通常不戴戒指，一个手指上不应戴多枚。在幼儿园一般不提倡戴戒指，如果非戴不可，一定要注意戒面要平整，避免在与幼儿接触时刮破孩子的皮肤。

（2）耳环。

耳环的佩戴讲究成对使用，即每只耳朵上均佩戴一只。不宜在一只耳朵上同时戴多只耳环。不提倡教师在上班期间戴耳环、耳坠或耳钉。有些幼儿喜欢和老师讲悄悄话，在与老师亲密接触时，耳环的钩针就是个安全隐患。

（3）项链。

女教师可以佩戴小巧的项链或挂饰，在一般情况下都应该隐藏，不要外露。一些较大的挂饰显然不适合在幼儿园佩戴，同时胸针、胸花不允许在当班时间佩戴。

思考 与 练习

1. 着装的原则有哪些?

2. 女教师的着装要领是什么?

3. 女教师的着装禁忌是什么?

4. 男教师的仪表修养应注意些什么?

5. 佩戴饰品应遵守哪些规则?

6. 为自己选择一件合适的饰品,并正确佩戴。

学习反思 ▶▶▶

任务三
站 姿

案例导入

　　某地区的很多幼儿园都不愿意接收某职业学校学前教育专业的学生来园实习、见习，更别说聘用该校的毕业生了。学校到幼儿园了解情况，幼儿园园长普遍反映说："你们的学生走没个走样，坐没个坐样，幼儿家长不是要求给孩子调班，就是要求转园，直接影响了我们的办园形象、招生和办园效益，我们怎么敢用呢？"

扫码观看站姿教学视频

想一想

1. 幼儿园不愿接收这所职业学校的学生实习的深层次原因是什么？
2. 你认为幼儿园教师应该具有怎样的仪态？

　　"站如松，坐如钟，行如风，卧如弓"，这是我国古代人对人体姿势的要求。站有站相，它是人们平时经常采用的一种表态造型，又是其他各种静态或动态的身体造型的基础和起点。良好的站姿能衬托出美好的气质和风度，能全面体现一个人的精神面貌。幼儿园教师应该掌握规范的站姿，养成良好的行为习惯。

一、站姿的基本要领

　　头正，双目平视，嘴唇微闭，下颌微收，面部平和自然。

双肩放松，稍向下沉，身体有向上的感觉，呼吸自然。

躯干挺直，收腹，挺胸，立腰。

双臂放松，自然下垂于体侧，手指自然弯曲。

双腿并拢立直，膝、两脚跟靠紧，脚尖分开约成60度，身体重心放在两脚之间。

以上为站姿的基本要领，在此基础上还可以有所调整。

二、不同的站姿

1. 标准站姿

两脚脚跟相靠，脚尖分开呈"V"字形，两腿并拢直立，提髋立腰，吸腹收臀，挺胸抬头，下颌微收，双目平视，两手自然下垂。

2. 体前搭手

女士站姿：两脚尖展开成45度，右脚在前，将右脚跟靠于左脚内侧前端，两手在腹前交叉，身体重心位于两脚之间，也可以位于一只脚上，通过两脚重心的转移减轻疲劳。在公众面前或登台时可采用这种站姿。

男士站姿：左脚向左横迈一小步，两脚之间距离不超过肩宽，以20厘米为宜，脚尖的距离与脚跟的距离相等，两手在腹前交叉，身体重心位于两脚上，身体直立。需要注意的是站立时不要挺腹或后仰。

标准站姿　　　　　　　　　体前搭手　　　　　　　　　工作站姿

3. 工作站姿

女士站姿：两脚跟并拢，脚尖展开约 60 度，两手在体前相握，挺胸立腰，下颌微收，双目平视。

男士站姿：两脚跟并拢，脚尖展开 60～70 度，两手在体前相握，挺胸立腰，下颌微收，双目平视。

三、站姿的注意事项

不要身体歪斜。不仅影响身体健康，也会给人颓废消极、萎靡不振、自由放纵的不良印象。

不要弯腰曲背。给人健康欠佳、无精打采的印象。

不要趴伏依靠。给人自由懒散、消极不雅的印象。

不要双腿大开或交叉。给人粗野或傲慢的印象。

不要脚位欠妥。给人不拘小节的不雅印象。

不要手位失当。手插衣袋、双手相揣抱于胸前、双手抱于脑后、双手托下巴等都是不妥手位。

不要半坐半立。给人懒散随意、缺乏教养的印象。

不要全身抖动。给人不稳重的印象。

相关链接

从站姿看人的性格和心理

脊背挺直、胸部挺起、双目平视的站立，说明有充分的自信，精力充沛，给人以"气宇轩昂""乐观愉快"的印象，属于开放型。

弯腰曲背、略显佝偻状的站立，表现出自我防卫、闭锁、消沉的倾向，也表明精神上处于劣势，有惶惑不安或自我抑制的心情，属于封闭型。

两手叉腰而立，是自信心和精神上具有优势的表现，对面临的事物有充分的心理准备。

双腿交叉而立或者抱臂而立，表示一种保留态度或轻微拒绝的意思，是感到拘束和缺乏自信心的表示，也说明对对方有警备心理，自我保护意识强。

双手插袋而立，具有不袒露心思，暗中策划、盘算的倾向；若同时还有弯腰曲背的姿势，则是心情沮丧或苦恼的反映。在工作中双手插袋，说明一个人轻松悠闲，不积极工作。

背手站立的多半是自信心很强的人，喜欢把握局势、控制一切。一个人若采用这种姿势处于人前，说明他怀有居高临下的心理。

选自王景华、邹本杰主编：《礼仪修养》，34 页，北京，北京师范大学出版社，2013。

思考 与 练习

1. 站姿的基本要领是什么？

2. 站姿的注意事项有哪些？

3. 分组练习规范站姿。

◁ 学习反思 ▶▶▶

任务四
· · ·
坐 姿

扫码观看
坐姿教学视频

学习笔记

坐是日常生活中最常见的一种举止。坐姿虽是静态的，但它也有美与丑、优雅与粗俗之分。应注意坐姿的文雅自如，这是体态美的重要内容。坐姿的基本要求是：端庄、稳重、自然、大方。

一、坐姿的基本要领

入座时动作要轻、要稳。走到座位前，转身后退，轻稳地坐下，尽量不发出声响。女士穿裙装入座时，应将裙摆向前收拢再坐下。入座时，可先将腿部靠近椅子，试一下椅子的高低远近，这样不仅可以稳定重心，还会使入座姿势看起来很优美。

头正，双眼平视前方，嘴唇微闭，下颌微收，面容平和、自然。

上体自然坐直，立腰，双肩平正放松，双臂自然弯曲放在膝上，也可以放在椅子或沙发的扶手上，掌心向下。

双膝并拢（男士可略分开），双脚平落在地上。

在正式社交场合一般只坐满椅子的 2/3。

起立时要平稳自然，右脚向后收半步，然后再站起来。

二、常用坐姿

1. 垂直式（女士）

左腿成 90 度弯曲，以右脚脚弓贴于左脚脚后跟处，双脚脚尖展开成 45 度，双膝并拢，双手自然叠放于右腿前侧，距离右膝约 5 厘米。

2. 前伸式（女士）

外侧脚向外打开，膝关节夹角大于 90 度，脚背绷直，前脚掌内侧着地，另一侧脚以脚弓紧贴于外侧脚的脚跟处，前脚掌着地。膝关节反方向倾斜，手放于倾斜方向的腿上，距离膝关节约 5 厘米。

3. 交叉式（女士）

将一只脚搭于另一只脚的脚踝处，并迅速向旁带出，主力脚前脚掌内侧着地，双脚脚尖绷直且方向一致。膝关节反方向倾斜，手放于倾斜方向的腿上，距离膝关节约 5 厘米。

4. 后曲式（女士）

外侧脚向外打开，膝关节夹角小于 90 度，脚背绷直，前脚掌内侧着地，另一侧脚以脚弓紧贴于外侧脚的脚跟处，前脚掌着地。膝关节反方向倾斜，手放于倾斜方向的腿上，距离膝关节约 5 厘米。

垂直式

前伸式

交叉式

后曲式

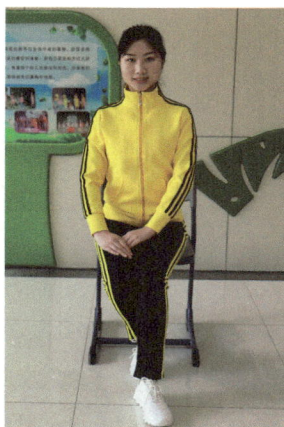

曲直式

学习笔记

5. 曲直式（女士）

在垂直式的基础上，左腿继续前伸形成大于 90 度的自然夹角，右腿则回收形成小于 90 度的夹角。双脚前后须在同一条直线上，左脚全脚着地，脚尖向外展开，右脚前脚掌着地，双手自然放于右腿上，距离膝关节约 5 厘米。

三、坐姿的注意事项

第一，在公共场合坐定之前，不允许仰头靠在座位背上或是低头注视地面，左顾右盼或闭目养神也是不礼貌的行为。

第二，不允许坐定之后上身前倾、后仰、歪向一侧或趴向前方、两侧。

第三，双手端臂，抱于脑后或抱住膝盖等都是不礼貌的行为，双手应尽量减少不必要的动作。身前有桌子时，不要将肘部支于桌上或双手放在桌下。

第四，不要在尊长面前将一条小腿交叉叠放于另一条大腿上。两腿不要直伸开去，也不要反复抖动。

第五，切勿在坐定后将脚抬得过高，以脚尖指向他人，或是让对方看到鞋底。不要脱鞋子，将脚架在桌面上或者跷到自己或他人的座位上；不要以脚踩踏其他物体。

思考 与 练习

1. 坐姿的基本要领是什么？

2. 坐姿的注意事项有哪些？

3. 分组练习规范坐姿。

◀ 学习反思 ▶▶

任务五
. . .
走　姿

学习目标

1. 掌握走姿的基本动作要领。
2. 了解走姿的禁忌。

走姿，也称步态，是人体运动中的形体动作，属动态美。凡是协调稳健、轻松敏捷的步态都会给人以美感。

学习笔记

一、走姿的基本动作要领

双目平视，下颌微收，面容平和、自然。

肩平不摇，双臂前后自然摆动，摆幅以 30～40 厘米为宜，双臂不要过于僵硬。

挺胸，收腹，立腰。起步时身体要向前倾，身体重量落于前脚掌，不要停留于后脚跟。

注意步位。行走时，男女的步位（即两脚着地时的位置）有一些区别：男子两脚内侧交替前行在两条相近的平行线上（相距不得超过自己的拳头的一半）；女子两脚内侧交替前行在一条直线上。

步幅适当。标准步幅应为前脚的脚跟与后脚的脚尖相距一脚长。因此，性别和身高不同，步幅会有一定差异。身着的服装不同，步幅也会不同。

前脚着地和后脚离地时膝关节伸直。步频女士为每分钟 120～125 个单步；男士为每分钟 100～120 个单步。

相关链接

优雅走姿的训练方法

步态基本训练：头顶一本书，以标准走姿行进，视线落在前方 4 米处，转弯平稳。

修正步位步幅：在地面画一条 5 厘米宽的线带，在线带上做上一脚长的标记。行走时，两脚内侧落在这条线带上，步幅不要超过标记。

修炼步频气质：合着合适的音乐节拍行走，练习节奏感，面带微笑，体会音乐的意境，提升优雅动人的气质。

选自王景华、邹本杰主编：《礼仪修养》，38 页，北京，北京师范大学出版社，2013。

学习笔记

二、走姿的注意事项

第一，不要方向不定，忽左忽右。

第二，不要体位失当，摇头、晃肩、扭臀。

第三，不要"外八字"和"内八字"步。

第四，不要左顾右盼，重心后坐或前移。

第五，不要与多人走路时勾肩搭背、奔跑蹦跳、大声喊叫等。

第六，不要双手反背于背后。

第七，不要双手插入裤袋。

思考与练习

1. 走姿的基本要领是什么？

2. 走姿的注意事项有哪些？

3. 分组练习规范走姿。

学习反思 ▶▶

任务六
蹲 姿

扫码观看
蹲姿教学视频

蹲姿是幼儿园教师在工作中经常采用的一种体态语言，如与幼儿谈话时或安抚幼儿时，都需要采用蹲姿。优雅大方的蹲姿不仅能展示幼儿园教师良好的修养和气质，还能拉近与幼儿间的距离，有利于与幼儿的沟通和交流。

一、标准注意事项

1. 高低式

左脚在前，右脚靠后。左脚完全着地，右脚脚跟提起，右膝低于左膝，右腿左侧可靠于左小腿内侧，形成左膝高右膝低姿势。臀部向下、上身位前倾，基本上用左腿支撑身体。采用此式时，女士并拢双腿，男士可适度分开。若捡身体左侧的东西，则姿势相反。

高低式

交叉式

半蹲式

半跪式

2. 交叉式

这种蹲姿主要适用于女士，尤其是适合身穿短裙的女士在公共场合采用。下蹲时，右脚在前，左脚居后，右小腿垂直于地面，全脚着地。右腿在上，左腿在下交叉重叠。左膝从后下方伸向右侧，左脚跟抬起，前脚掌着地。两腿前后靠紧，合力支撑身体。也可姿势相反。

3. 半蹲式

身体半立半蹲，上身稍许下弯，但不宜与下肢成直角或锐角。臀部务必向下，双膝可微微弯曲，其角度可根据实际需要有所变化，但一般应为钝角。身体的重心应当被放在一条腿上，双腿之间不宜过度地分开。

4. 半跪式

双腿一蹲一跪，下蹲以后，改用一条腿单膝点地，以其脚尖着地，而令臀部坐在脚跟上。另一条腿应当全脚着地，小腿尽量垂直于地面。双膝必须同时向外，双腿则宜尽力靠拢。

二、蹲姿禁忌

1. 突然下蹲

下蹲的时候，速度不要过快，尤其是在走姿变换成蹲姿时，要稍微停顿一下，同时要注意会不会妨碍来往的人。

2. 距人过近

在下蹲的时候，要与身边的人保持一定的距离。与他人一起下蹲的时候，更是要注意彼此之间的距离。

3. 方位失当

在他人身边下蹲时，要侧身对着对方，切忌正面或者背面对着对方，这都是不礼貌的表现。

4. 毫无遮掩

需要在大庭广众之中下蹲时，一定要注意身前有没有遮掩物，尤其是穿裙子的女士，下蹲的时候要特别注意。

5. 随意滥用

蹲姿只是在有特殊需要的情况下才适合使用，如果没有必要，千万不要使用。

6. 不合适的地方

蹲的时候不能蹲在椅子上、桌子上等地方，一定要蹲在地面上。

7. 蹲着休息

当站得有些疲劳的时候，可以适当变换站姿缓解疲劳，但不能蹲下来休息，这是非常失礼的行为。

思考 与 练习

1. 蹲姿的基本要领是什么？
2. 蹲姿的注意事项有哪些？
3. 分组练习标准蹲姿。

学习反思 ▶▶▶

任务七
手势语

扫码观看
手势语教学视频

学习笔记

　　法国艺术家罗丹说过，手是会说话的工具。教师的手势可以使语言更加生动、形象、富有表现力。如果说语言是红花，那么手势就是绿叶。手势是指教师根据教学内容需要，用手或胳膊的动作来传情达意的体态语言，是幼儿园教育教学中运用最普遍、最典型的体态语言。

一、幼儿园教师手势基本要领

　　手位适当，自然大方。手臂放松自如，不呆板，不拘谨。手的姿势和举止位置协调，切合教学需要。手势动作要和有声语言或其他身体语言协调配合，相辅相成。切忌双手后背、交叉抱臂、用力敲桌等手势。

二、幼儿园教师的手势

1. 指示手语

　　指示手语指教学中用于组织、指导幼儿学习的手语，一般用于维持教学纪律，引起幼儿注意。指示手语在幼儿园教学中十分必要。学前儿童心理学表明，幼儿时期的记忆以表象记忆为主，许多教学内容如果只凭教师语言描述，很难在短时间内让幼儿记住。教师在传递信息时辅以手势，可以帮助幼儿在回忆中借助生动形象的手势来联想有声的语言，从而牢固地记住学习的信息。比如，教师在提问时总是辅以举手的手势，经过一段时间后，幼儿便对教师"举手"这一手势非常熟悉，出现这个动作时就会很自然地作出"举手发言"的反应。

2. 情感手语

情感手语是指教学过程中根据教学情景和氛围的需要，用以表达情感的手势语言。情感手语能强化教师表达的思想情感，进一步辅助师幼交流，营造积极、愉快、和谐的课堂氛围。教育心理学表明，积极、主动、活泼的课堂气氛使幼儿的大脑皮层处于兴奋状态，易于受到"环境助长作用"的影响，从而更好地接受新知识，并在新知识的基础上联想、综合、分析、推理，进行创造性学习。例如，当幼儿答对问题后，教师竖起大拇指，他会感到教师对他的赞赏，回答问题的积极性也会大大增加。

3. 形象手语

形象手语指教师根据教学目的、内容的需要而运用的直观形象的手势语言。符合幼儿年龄特点的形象手语是幼儿园教学的有效手段。例如，在小班的音乐活动中，结合所演唱的有鲜明形象的动物歌曲，通过形象手语模仿出各种动物的姿势，就能很好地激发幼儿的情绪。此外，还可用形象手语生动地解决一些抽象问题，比如用手臂大幅度地画弧表示"大"的概念，用两手交叉在双臂处摩擦表示"冷"的感觉等。

三、常用手势语

1. 手指势语

竖起大拇指——表示称赞、钦佩。

伸出小拇指——表示卑下、低劣、轻视。

五个手指由外向里收拢——表示力量集中，事物相聚。

伸出食指——特指某人、某事物，也指命令、斥责。

手指逐一屈或伸——表示计算数目、列数次第。

大拇指与食指相捏——表示细小物体。

右手四指相握，食指在空中画圈、直线、曲线或进行上下、左右、内外、快慢运动——表示事物的运动轨迹、过程或方向。

两只手平握于胸前，两个食指在同一水平高度由外向内合拢——表示两个事物运动、贴合、碰撞。

2. 手掌势语

手掌向上前伸、臂微屈——表示恭敬、请求、赞美、欢迎。

臂微屈，手掌向下压——表示反对、否定、制止。

手掌挺直，用力劈下——强调果断的力量和气势。

两手掌从胸前向外推出——表示拒绝或不赞成某种观点。

两手掌由外向胸前回收——表示聚集、接受。

两手掌由合而分，向上推开——表示消极、失望、分散。

两手掌由外向内，由分而合——表示团结、联合、亲密。

单手掌向前上方冲击——表示勇往直前或猛烈进攻。

两手掌向正上方推举——表示强大的力量和宏伟的气魄。

3. 手臂势语

推开双手，向前上方展开双臂——往往表示一种颂扬、称赞和讴歌光明与充满希望的积极情感。

大臂自然下垂，小臂在胸前做左右、前后、上下运动，辅助有声语言进行指示——象征和强调说明，动作要求轻松自如、简洁明快、沉稳坚定、刚柔并济、动静结合。

手臂交叉姿势，即双臂紧紧交叉在胸前，如盾牌和防弹钢板般形成一种防御屏障——增强自己的安全感。

双手臂紧紧交叉在胸前，而且双手紧握，伴随着咬紧牙关——暗示出一种更强烈的防御信号和敌对态度。

四、常用的手势

请　进　　　　　　　　请往前走　　　　　　　　请　坐

1. 请　进

需要进行业务洽谈或需要引导客人进入，可站在来宾侧方（如右侧），左手下垂，右手从腹前抬起，向右横摆到身体的右前方，微笑注视对方并说"请进"，待宾客进去再放下手臂。

2. 请往前走

将手抬到与肩同高的位置，前臂伸直，略高于肩，手掌倾斜 45 度指向客人要找寻的位置，并配以简单的话语加以说明。

3. 请　坐

需要请客人入座时，应先用双手扶椅背将椅子抽出，然后一只手屈臂从体前抬起，小臂由上向下摆动，使大臂与小臂在体前形成一条斜线，在距身体 45 度处停止，微笑注视对方并说"请坐"。

五、手势的注意事项

1. 易于误解的手势

易为他人误解的手势有两种：一是个人习惯，但不通用，不为他人理解；二是因为文化背景不同，被赋予了不同的含义。

2. 不卫生的手势

在他人面前掏耳朵、搔头皮、剔牙、抠鼻孔、抓痒痒等都是极为不卫生的手势。

3. 不稳重的手势

在大庭广众之中，双手乱动、乱摸、乱扶，或是咬指尖、折衣角、抱大腿等手势，都是应当禁止的不稳重手势。

4. 其他

与人谈话时，手势不应过多、过大；在人际交往中，切忌用手指指指点点。

思考与练习

1. 与人交往中使用手势要注意哪些问题？

2. 常用手势语有哪些？

3. 分组练习常用的手势："请进""请往前走""请坐"。

学习反思 ▶▶

任务八
表情礼仪

1. 学会合理使用不同视角和注视时间。
2. 学会得体、真诚地微笑。

人的面部表情是人内心世界的"荧光屏",通过面部眉毛、眼睛、嘴巴、鼻子、舌头和面部肌肉的综合运用向对方传递自己丰富的心理活动。

人的复杂心理活动无不从面部显现出来。据心理学家艾伯特研究发现,人的情感表达有 45% 靠的是有声语言(其中语言占 7%,声音占 38%),55% 靠的是无声语言(其中面部表情占 70%)。由此可见,面部表情是一种十分重要的非语言交往手段。幼儿园教师情绪和态度的变化往往通过面部表情体现出来,直接影响孩子们的情绪和态度,所以马卡连柯说:"没有面部表情,不能给自己的脸部以必要的表情或者不能控制自己情绪的人,不能成为一个优秀教师。"作为幼儿园教师,我们要善于控制和应用自己的面部表情,让幼儿感受到来自教师的真诚、亲切、自然和专注。

一、眼 神

眼睛是心灵的窗户,学会用眼睛说话是幼儿园教师必须具备的基本功之一。

1. 不同的视角给人不同的感受

平视。即视线呈水平状态,也叫正视。一般适用于在普通场合与身份、地位平等之人进行交往。

学习笔记

侧视。即是平视的一种特殊情况，即位居交往对象的一侧，面向对方，平视着对方。它的关键在于面向对方，否则即为斜视对方，那是很失礼的。

仰视。即主动居于低处，抬眼向上注视他人。一般表示尊重、敬畏之意，适用于面对长辈之时。

俯视。即眼睛向下注视他人，一般表示长辈对晚辈的宽容、怜爱，也可以对他人表示轻慢、歧视。

环视。即有节奏地注视身边不同的人和事物，通常表示认真、重视。主要适用于同时与多人打交道，以示"一视同仁"。

平视、环视能给幼儿一种平等、亲切的感觉，俯视则会让幼儿产生居高临下的畏惧。任何时候都不能扫视、盯视、蔑视和斜视幼儿。

2. 注视时间长短体现关注程度

在人际交往中，尤其是与熟人相处时，注视对方时间的长短往往十分重要。在交谈中，听的一方通常应多注视说的一方。

表示友好。若对对方表示友好，则注视对方的时间应占全部相处时间的1／3左右。

表示重视。若对对方表示专注，则注视对方的时间应占全部相处时间的2／3左右。

表示轻视。若注视对方的时间不到全部相处时间的1／3，往往意味着对对方瞧不起，或没有兴趣。

表示敌意。若注视对方的时间超过全部相处时间的2／3，往往可能表示对对方抱有敌意，或是为了寻衅滋事。

3. 不同的凝视区域显示交往对象的远近

与人交谈时，应注视对方，但目光应局限于对方上至额头、下至衬衣第二粒纽扣之间，左右以两肩为准的区域。教师与幼儿交谈时，注视的常规部位可以是幼儿的眼睛、额头、眼部至唇部，或是他的整个上半身。

通常允许注视他人的常规部位有以下几处。

双眼。注视对方双眼，表示自己聚精会神、一心一意、重视对方，但时间不宜过久。

额头。注视对方额头，表示严肃、认真、公事公办。这叫公务型注视，适用于公务活动中。

眼部至唇部。注视这一区域是社交场合面对交往对象时所用的常规方法，因此也叫社交型注视。

4. 合理分配目光，传达丰富情感

幼儿园教师在教学中应灵活地运用眼皮的开合、眼球的转动、瞳孔的变化等，让每个幼儿都感受到老师的关注。如对正在发言的幼儿报以信任的目光和亲切的微笑，给幼儿以信心；幼儿答对了，应投以欣赏的目光，答错了，则应给予鼓励的目光，一时答不上来，应以耐心、期待的目光注视他；孩子有问题，老师不能用不以为然的目光传递自己的烦躁，而应报以宽容、高兴的目光，鼓励和培养幼儿大胆质疑的习惯和积极思维的能力。

5. 读懂幼儿的眼神，俘获幼儿的心

幼儿的眼神常常是其生理和心理活动的外显，如幼儿认为自己能回答教师提问时，眼睛是直视老师的，目光是自信的；觉得自己不会时，目光会躲躲闪闪，甚至低头不敢看老师；幼儿眼神无光呆滞，有可能是生病了；幼儿眼睛突然放光盯在某一处，说明他可能发现了"新大陆"。所以，幼儿园教师不仅要学会运用自己的眼神，还要读懂幼儿的眼神，走进幼儿的内心，发现幼儿的真实想法，从而改进教学方法，提高教学效果。

二、微　笑

微笑，是一种世界语、通用语，不分国别和年龄。我们可能听不懂对方的语言，但都能理解对方微笑中蕴含的热情和友善。当你对别人微笑时，你就变成了一个带给别人好心情的天使，让所有见到你的人生活中立刻洒满阳光。可见，微笑既可以愉悦自己，又可以愉悦他人，是我们和孩子、家长、同事交往中不可缺少的礼节。

微笑可分为开口笑和含唇笑。

开口笑，是一种含笑较深的笑。它的特点是面部已有明显变化：唇部向上移动，略呈弧形，牙齿稍外露。它是一种典型的自得其乐、充实满足、知心会意、表示友好的笑。在人际交往中，其适用范围最广。

含唇笑，是一种最浅的笑。它不出声、不露齿，仅是面含笑意，意在表示接受对方、待人友善。其适用范围广泛。

1. 幼儿园教师的微笑要真诚

微笑最重要的是真诚和自然，只有发自内心的笑，才会给幼儿以亲切、和蔼、可信的感觉，幼儿才愿意亲近。试想，一个面带微笑，眼神却很凌厉的教师会让幼儿产生何种感觉？只会使幼儿感觉恐惧、威严和冷淡，对老师敬而远之。所以，真诚的笑应该是口到、眼到、心到、意到、神到、情到，是五官协调的笑。

2. 幼儿园教师的微笑要得体

微笑的基本特征是笑不露齿、笑不出声，既不刻意掩盖笑意，也不可无所顾忌地哈哈大笑。幼儿园教师的微笑要神态自然、得体，才能向幼儿传递温馨和亲和，才能充分表达老师的友善、诚实、关爱等美好的情感。

3. 幼儿园教师的微笑要适宜

微笑固然重要，但不能不分时间、不分场合地笑，微笑要适宜。比如说，幼儿园业务会议等严肃的场合不宜笑，别人说错话、做错事时不宜笑，别人遭受挫折、失意、痛苦时不宜笑等。

思考与练习

1. 应怎样表现真诚、友善，富有亲和力的眼神？
2. 微笑有什么要求？
3. 眼神、手势、语言配合，练习恰到好处、真诚甜美的微笑。

学习反思 ▶▶

模块三

幼儿园教师社交礼仪

循礼润苗，同育华光

幼儿园教师，作为幼儿成长的启蒙者，其社交礼仪不仅展现个人素养，更对幼儿起着潜移默化的示范作用。党的二十大精神强调教育的重要性，而教育家精神倡导以爱育人、以责立教，这都与教师社交礼仪的意义不谋而合。

在日常工作与生活中，我们与家长、同事、社会各界频繁交流。见面时真诚的微笑、亲切的问候，介绍时清晰的表达、得体的姿态，交换名片时的尊重与专注，电话沟通时的礼貌与耐心，餐饮场合中的优雅与自律，这些社交礼仪细节，皆是我们传递教育理念、展现职业风范的窗口。

通过践行良好的社交礼仪，我们能搭建起家园共育的坚实桥梁，营造和谐的教育生态。让我们以党的二十大精神为指引，以教育家精神为动力，从每一个社交礼仪细节入手，用言行传递爱与责任，为幼儿成长筑牢根基，为培养全面发展的社会主义建设者和接班人贡献力量。

学习导航

模块三　幼儿园教师社交礼仪	任务一　见面礼仪
	任务二　介绍礼仪
	任务三　名片礼仪
	任务四　电话礼仪
	任务五　餐饮礼仪

任务一
见面礼仪

学习目标

1. 了解各种见面礼仪的礼规。
2. 掌握正确的握手次序和姿势。
3. 能够准确完成各种角度的鞠躬。

学习笔记

人际交往是人们为满足自己的各种需求而采取的自觉自主的活动过程中与他人形成的关系，其出发点和归宿是人的需求的满足。因此，人际交往的过程就是人的感情沟通的过程，是一个复杂的心理感受与反应的过程。例如，在人与人之间的交往中，得体的举止、自然的表情、规范的礼节等会给对方留下深刻的印象，形成良性刺激。这种刺激会形成相应的内心体验，并会做出相应的心理反应，这种心理反应就是礼仪的心理效应。

礼仪是帮助我们认识、把握、利用和改造人际关系的主要工具和手段。如果在社会交往中大家都能遵守人际交往的礼仪规范，那么，在人与人之间就会有一种默契和协调，交往的气氛会更融洽、自然，彼此都会感到容易沟通，行为容易得到理解，进而容易达成共识，实现轻松、愉快、文明的交往。

人们往往需要在交往中以一定的形式向对方表示尊重、友好、关心及敬意，此即为见面礼。

不同的文化背景下和社交环境中，人们所使用的见面礼是不同的。在我国，人们通常采用握手礼、鞠躬礼、拱手礼、合十礼、注目礼等来表达对对方的尊重与友好。

一、握手礼

握手礼是交往中最常见的礼节，是人们在见面时表示致意、问候、祝贺、鼓励、感谢以及在辞别时道别的礼节。在施握手礼时，应掌握握手的次序、握手的姿势等要求，注意握手时的禁忌。

1. 握手的姿势

握手的标准姿势是：施行握手礼时两人的手掌都处于垂直状态，距受礼者约一步，上身稍前倾，两足立正，伸出右手四指并拢，拇指张开与对方相握。握手时应用力适度，时间约 3 秒钟，礼毕即松开恢复原状。

握手时应当双目注视对方，面部表情自然、友好。在通常情况下，应面带微笑，口道问候。用右手单手与人相握是最常用的握手方式，它称为"平等式握手"，表示自己不卑不亢。

与人握手时掌心向上，称为"友善式握手"，表示自己谦恭、谨慎。

在握手时，右手呈凸形，用五个手指去接触对方的手掌边缘，称为"稳重式握手"。此种握手方式适用于正式的社交环境和商务活动。

2. 握手的次序

在正式的社交活动中，次序是体现身份、地位的重要交往规范。特别是在第一次见面时，如身份不对等，接待服务等交往中更应该遵循握手的次序。

握手时，双方伸手的先后次序大体包括以下几种情况。

职务高、身份高者与职务低、身份低者握手，应由职务高、身份高者先伸手，后者迎握。

年长者与年幼者握手，应由年长者先伸手，年幼者迎握。

主人与客人握手，应由主人先伸手，客人迎握。

女士与男士握手，应由女士先伸手，男士迎握。

3. 握手礼的注意事项

握手礼在社交场合应用广泛，这是因为握手不仅是礼貌的外在表现，也是表达自己的情感、态度的一种方式。因此，在施行握手礼时应努力做到合乎规范，并且应避免失礼行为。

学习笔记

在与多人握手时，不要争先恐后，应遵循次序的原则，依次而行。

握手时，摘掉手套。只有女士在社交场合戴薄的手套与人握手，才是被允许的。

在与人握手时，不要将左手插入衣袋或裤袋里。

在与人握手时，不要东张西望、漫不经心，更不能心不在焉或与第三者谈话。

不要在握手时长篇大论、滔滔不绝地说个没完，或点头哈腰、过分热情。

不要在握手时将对方的手拉过来、甩过去，或拉着手不停抖动。

在与人握手时，不要递给对方冷冰冰的指尖。

不要拒绝与任何人握手。

二、鞠躬礼

鞠躬礼是我国的传统礼节，源于先秦时代，是一种表示内心的谦恭和对他人表示尊重的礼节。

1. 鞠躬礼的类型

鞠躬礼可分为 15 度的鞠躬礼、30 度的鞠躬礼和 90 度的鞠躬礼。

15 度的鞠躬礼又称为"点头礼""颔首礼"，一般用于工作环境中。

30 度的鞠躬礼一般用于正式社交环境和工作环境中的接待、服务，表示郑重、尊重之意。

90 度的鞠躬礼主要用于特殊的社交环境，如追悼会。

2. 施礼的要求

在施行鞠躬礼时应脱帽立正，视线顺势下降，约与地面成 45 度夹角，面带微笑（除追悼会外），然后以腰为轴，上身向前倾斜。男士双手应贴于身体两侧，女士双手应搭放在腹前。

施行鞠躬礼的次数可视环境和情况而定，一般社交、接待、服务均一次即可。

三、拱手礼

拱手礼是我国传统的见面礼，我国古代将其称为长揖。由于它简便易行，极富情感色彩，故沿用至今。

拱手礼的行礼方式是双手相抱握于胸前，在注视对方的同时，将拱起的手向对方的方向轻轻摇动。若要向对方表示谦恭和尊重，还可将双手向上抬，直到与额同高。

拱手礼一般用于喜庆的场合，如向长辈祝寿、向友人恭喜、向亲朋好友表示感谢以及初次见面时表示久仰大名，时下在商务活动中较流行。

四、合十礼

合十礼也称合掌礼，是一种具有较浓郁的宗教色彩的礼节。该礼节最初在信奉佛教的国家和地区被广泛使用。

合十礼的施行规范是双掌十指在胸前相对合，五指并拢向上，掌尖与鼻尖基本持平，双腿立正站立，上体前倾 30 度至 45 度。在施行合十礼时，一般合十的双手举得越高，越体现出对对方的尊重，但原则上不可高于额头。

合十礼一般用于商务活动、非正式社交场合和人际关系较轻松和谐的社交场合。

在施行合十礼时，应双眼注视对方，面带微笑，可以口颂祝词或问候对方。需要注意的是施礼时不能反复点头、手舞足蹈。

五、注目礼

注目礼是注视受礼者并用目送或目迎来表示敬意的一种礼节。

注目礼的具体做法是起身立正、抬头挺胸、双手自然下垂或贴放于身体两侧，表情庄重，双目注视被施礼对象或随之缓缓移动。

注目礼适用于升旗仪式、开业剪彩、揭幕迎宾等场合。

在施行注目礼时，应衣冠整齐，不可嬉皮笑脸、东斜西靠。

六、拥吻礼

拥吻礼包括拥抱礼和亲吻礼，它是发源并流行于西方的与握手礼一样重要的见面与道别的礼节，在人们表示慰问、祝贺时常使用。

规范的拥抱礼是两人在正面相距约 20 厘米处面对站立，各自举起右臂，将右手搭在对方左肩后面，左臂下垂扶住对方右腰后侧，两人头部及

学习笔记

上身都向左侧相互拥抱。在保持原手位不变的情况下，双方还应接着向右拥抱后，再次向左拥抱，礼毕。

亲吻礼有时单独使用，有时与拥抱礼同时使用，即双方会面时既拥抱又亲吻。

在施行亲吻礼时，双方的关系不同，亲吻的部位也会有所不同。

长幼之间施行亲吻礼时，所吻部位一般为额头、面颊。

同辈之间、异性之间、同性之间施行亲吻礼时，一般为贴面颊或吻面颊。

只有夫妻之间、恋人之间施行亲吻礼时才吻唇。吻唇不宜滥用，也不宜当众进行。

思考 与 练习

1. 见面时常用的礼节有哪些？

2. 握手的次序是什么？需要注意什么？

3. 鞠躬礼的施礼要求有哪些？

4. 当你到所选择的工作单位去报到时，第一次见你的领导，你会选择什么样的礼节向领导表示问候？你认为与上级领导第一次接触时，什么样的礼节能表现交往的规范和对人的尊重？

⊘ 学习反思 ▶▶

任务二
介绍礼仪

学习目标

1. 准确掌握正式介绍的次序和姿态。
2. 了解非正式介绍的类型和特点。
3. 了解自我介绍的不同方式。
4. 学会规范地进行自我介绍。

　　介绍是人际交往中与他人沟通、增进了解、建立联系的一种最基本的方式。介绍的方式多种多样，可按社交场合、介绍的人数、介绍者的地位与层次等来划分。介绍一般可分为正式介绍、非正式介绍和自我介绍。无论哪种介绍，在进行介绍时，首先都要了解双方是否有相识的愿望和要求，只有在确定彼此都有结识的愿望后，才能灵活应用介绍。

学习笔记

一、正式介绍

　　正式介绍是指在较为正式、郑重的场合进行的介绍。正式介绍必须遵循介绍的规则和次序。

1. 介绍的规则

　　在介绍活动中，先提谁的名字（或职务），谁就是尊者，后提者就是被介绍者。

2. 介绍的次序

　　在介绍活动中，把地位低者介绍给地位高者，把年轻者介绍给年长者，把客人介绍给主人，把男士介绍给女士，把迟到者介绍给早到者。在使用次序时，切忌颠倒。例如，要把一位姓李的老师介绍给一位姓王的园长，可这样介绍"王园长，这位是我园刚刚招聘来的李老师；李老师，这是我们的王园长。"王园长为次序中地位高者，故应该先提王园长的职务。

3. 介绍的姿态

在介绍中一般都应站立，情况特殊时年长者和女士可除外。当然，在宴会上或会谈桌旁可以不起立。被介绍者只要微笑点头即可。在介绍中，最客气的语气是以询问的口吻发问。语气和语调必须表露个人的真诚与热情。介绍时的情感和语气切忌虚假、敷衍。在介绍时，语言应简洁、清楚、明确，不可含糊其辞、拖泥带水，以免使人发生误会。在介绍后，通常是握手。两人相视时，目光轻柔、举止优雅、仪态自然大方。

二、非正式介绍

非正式介绍即指在介绍活动中不以规范的介绍礼仪要求介绍者和被介绍者，不讲究正式介绍中的一些规则，以轻松、愉快的氛围为主。非正式介绍可分为以下几种类型。

1. 简捷式

在介绍中直接提出被介绍者的姓名，例如，"李丽""王娟"。

2. 引见式

在介绍中作轻松的搭桥活动，不需要表达任何具有实质性的内容。例如，两个从事教育工作的人在一个场合相遇，介绍者说："大家都是同行，只是以前不认识，大家现在聚在一起，自报家门，认识一下如何？"

3. 推荐式

即介绍者有备而来，有意将一人介绍给另一人，在语言、内容方面通常对被介绍者的优点、特点加以重点介绍。例如，"这位是我们学前教育系的学生会主席张璇。张璇同学是一位组织能力很强的学生干部，尤其擅长组织大型的学生活动。"

三、自我介绍

自我介绍即在必要的社交场合，由自己担任介绍的主角，将自己介绍给其他人，使对方认识自己。选择自我介绍的情况可归纳为三种：一是自己希望结识他人，二是他人希望结识自己，三是自己认为有必要令他人了解或认识自己。

1. 自我介绍的方式

常见的自我介绍方式有工作式、礼仪式、问答式。

工作式。工作式自我介绍内容应该包括本人的姓名、供职的单位和从事的具体工作三项。它们叫作工作式自我介绍三要素，通常缺一不可。例如，"您好，我叫马小林，是某某学校学前教育专业的应届毕业生。"

礼仪式。礼仪式自我介绍用于作报告、庆典、仪式等一些隆重的场合，是一种表示对交往对象友好、尊敬的自我介绍。礼仪式自我介绍的内容包括所在单位、姓名、职务，还应加入一些敬语谦词，以示自己的礼仪风范。例如，"各位来宾、各位领导，大家好。我是陈雪，是小天使幼儿园的园长。现在我代表我们幼儿园热烈欢迎各位光临我们的开园仪式，谢谢大家的支持。"

问答式。问答式自我介绍一般适用于应试、应聘场合。在一些普通的社交场合，有时也能见到。问答式自我介绍的内容，一般是对方问什么便回答什么，有问必答。

例如，问："这位同学，你好，不知该怎么称呼你？"

答："老师您好，我叫刘欣。"

问："请介绍一下你的基本情况。"

答："各位评委老师，你们好，我叫刘欣，今年 18 岁，共青团员，毕业于 × × 学校学前教育专业。在校期间曾荣获'普通话二级甲等证书''省技能大赛舞蹈组一等奖'。"

2. 自我介绍的规则

进行自我介绍时，首先，要注意时间，力求语言简洁。初次见面，就想别人对自己"一目了然"，显然是不现实的。东拉西扯、信口开河，对自己是失态，对他人是失礼。其次，要讲究态度。态度务必要自然、大方、亲切、随和。体态应落落大方，不轻浮夸张、矫揉造作。同时，还应充满信心，努力做到胸有成竹，这样有助于自我放松，使对方对自己产生好感。最后，还要注意语音轻柔自然、语调平和、语速适中，切忌语气生硬、吐字含糊不清、语调尖锐。

思考与练习

1.正式介绍的基本规则是什么？介绍时应注意哪些礼节？

2.分角色按照介绍的要求进行模拟训练，要做到大方自然地作自我介绍。

3.如果你是一个接待人员，对下列人员你将如何进行规范的介绍？

局长	男 45 岁
园长	女 50 岁
办公室主任	女 30 岁

学习反思 ▶▶▶

任务三
名片礼仪

　　名片是当今社会交往、商务交往中一种自我介绍的媒介和交往的工具，也是私人交往中的联谊卡。它便于携带，任何职业均可使用。在交往中具有表明身份、广结良缘、联络朋友等功能。由于它的用途广泛，颇受社会各界的欢迎。

学习笔记

一、名片的内容和类型

　　名片通常印有姓名、职务、职称、工作单位、联系电话、邮箱、单位地址、邮政编码等，使对方看到名片后一目了然。

　　名片的类型可分为普通名片、商用名片、特殊名片。

二、递交名片

　　职位低的先向职位高的递名片，男士先向女士递名片，晚辈先向长辈递名片。

　　当对方不止一人时，应先将名片递给职务高或年龄大者；若分不清职位高低或年龄大小，应由近及远或顺时针进行。

递交名片时，应面带微笑，双目注视对方；如果是坐着，应当起身或欠身。将名片的正面朝向对方，用双手的拇指和食指分别握住名片上端的两角送给对方，并说"这是我的名片，请多多关照"等寒暄语。不应一言不发。

不要将名片背面对着对方或字迹颠倒着给对方。

不要将名片举得高于胸部。

如果自己的姓名中有生僻的字，应将自己的姓名读一遍。

不要用手指夹着名片给人，切勿用左手递交名片。

三、接收名片

接收他人名片时，应尽快起身或欠身，面带微笑，用双手捧接，仔细阅读并说"谢谢""认识您很高兴"等后，再收好。

如果接收了对方的名片而自己没带名片，则一定向对方做出解释。

与多位客人见面时，可暂时将接收的名片放在自己面前的桌上排列好，以便提示自己。但需要注意放在桌上的名片上不应再压放其他物品，会谈或会议结束时一定要收好，不要遗忘。

四、索要名片的方法

第一，主动递上本人的名片。

第二，向对方提议交换名片。

第三，向平辈或晚辈索要名片，应用："以后怎么与你联系？"

第四，向尊长索要名片，应用："今后如何向您请教？"

思考 与 练习

1.递交名片时应注意哪些细节？

2.分角色按照递接名片的要求进行模拟训练，要做到大方自然。

学习反思 ▶▶▶

任务四
电话礼仪

学习目标

1. 准确掌握拨打电话的礼仪要求。
2. 准确掌握接听电话的礼仪要求。
3. 准确掌握代接电话的礼仪要求。
4. 能够规范地使用手机。

案例导入

　　谢某大学毕业后不久即在某公司就职。她性格开朗、活泼，朋友非常多，电话自然也很多。接到朋友的电话，谢某总是很高兴，常常旁若无人地与朋友谈笑风生，似乎总有说不完的话。可是，她没有觉察到周围同事们那带有责备的目光。

　　电话是现代社会最常见的一种交际方式，它已成为人们彼此联系和互通信息的重要工具，成为社交的重要渠道。电话具有快捷、方便的特点，尽管不是面对面交谈，却能让人迅速获得信息，及时进行沟通。

　　在公务活动中，利用电话交流情况、沟通信息、商洽问题、问答事项，是一种普遍的工作手段。正确使用电话可以树立良好的形象。如果掌握不好通话的技巧和礼仪规范，不仅会影响公务活动的开展，还会损害所在单位的形象。

想一想

1. 谢某周围同事为什么会投来责备的目光？
2. 你在生活中是如何接打电话的？

一、拨打电话

1. 时间的选择

除非有特别紧急的事情，通话一般应选择在办公时间内进行，不应该在下班之后打，更不应选择在深夜、凌晨及午休、用餐、公休假时间。如果拨打国际长途电话，应注意时差，掌握通话时间。如果拨通电话，应征询对方是否方便，否则就应另约时间联系。

2. 表述得体

通话表述应符合礼仪规范，不应高调门，语惊四座；口气应谦恭有礼，热情亲切。拨通电话后，一般应先说"您好"，然后自我介绍和证实对方的身份。如果要找的人不在，可以请接电话者转告，应问清对方的姓名，并向对方道谢。打完电话应说相应的礼貌用语，如"谢谢""再见"。如对方帮你找人，应安静等待，不应放下电话干别的事；如对方告知你所找的人不在，应表示感谢。拨错电话应表示歉意。

3. 举止得体

在打电话时，应轻拿轻放，不应急不可耐。遇到无法接通的情况，不应有不耐烦的表情，甚至摔电话。电话接通后，通常应等铃声响过六遍后，确信对方无人接听时，才能挂断电话。通话时应聚精会神，不要抱着电话四处走动、斜靠、歪躺或趴在桌子上，也不能吃东西、翻报纸杂志，甚至与旁人闲聊。

二、接听电话

1. 及时接听

在办公室听到电话铃声，应及时接听，尽量不要使铃声超过三声，更不要有意拖延，怠慢对方。在接听一部电话时，如有另一部电话打来，应及时妥善处理，不应不予理睬。应询问对方是否介意接听另一部电话，在征得同意后再接听另一部电话。不要同时接听两部电话。会客或参加重要会议时，如不能接听电话，应说明原因、表示道歉。

2. 文明应答

在接听电话时，应先向对方问好，自报家门。如果对方要找的人不在，最好告诉对方不在的原因，或告诉对方联系方法。不宜用"你是谁""你找谁""什么事"之类的话发问。与对方通话，通常应有问必答、依问作答，不应答非所问、东拉西扯。对方交谈内容结束，要及时道别，说声"再见"。挂电话时，应由发话人先挂断。

3. 做好记录

公务电话通常需要做记录，平时要做好通话记录准备，电话记录簿或记录用纸、笔要准备好，不应通话后放下听筒再找纸笔。听不清楚时，可以请求对方重复一遍，特别是对一些重要内容和涉及的时间、地点、数量等，最好加以核实，避免记错。

4. 特殊电话的接听

对打错的电话，不应大声斥责对方，应接受对方的道歉，说声"没关系"后挂机。

对一些无理取闹的、难缠的或骚扰性的电话，应学会说"不"，设法摆脱对方的纠缠，委婉而坚决地拒绝对方的请求。

三、代接电话

在日常工作中代接电话时，应做到礼貌相待，尊重隐私，准确记录，及时转达。

1. 礼貌相待

接电话时，如果对方找的不是自己，不应显得不耐烦，以"他不在"来回答对方，而应友好地问："对不起，他现在不在，需要我转告什么吗？"如果对方有此要求，应尽量照办。

2. 尊重隐私

在代接电话时，不宜询问对方与所找的人之间的关系。当对方有求于你，希望转达某事给某人时，应守口如瓶，不应随意扩散。别人通话时，不应旁听、插嘴。

3. 准确记录

在代接电话时，应对对方要求代为转达的具体内容认真做好记录，对方讲完后，应重复一遍，以验证自己的记录正确无误。记录他人电话，通常应包括通话者单位及姓名、通话时间、通话要点、是否要求回电话、回电话时间等。

4. 及时转达

代接电话后，应及时转告，不要耽误。若对方所找的人就在附近，应立即通知，不要拖延。

相关链接

无论在打电话还是在接电话时，语言都要简明扼要，避免废话连篇、吞吞吐吐。特别是有一些人，往往故弄玄虚，让你"猜一猜"。更有甚者，在打电话时，煲"电话粥"，也不管是不是有人在等电话。

语音应注意不要过高或过低。过高会使人感到严厉、生硬、冷淡、刚而不柔；过低使人感到无精打采、有气无力。

语调不能过长或过短。过长显得懒散拖拉，过短显得不负责任。

多使用礼貌用语，"您好""请""谢谢""您""麻烦""劳驾""再见"等。这会让对方感觉到你亲切而有礼貌。

若有急事要结束通话，应在对方讲话停顿时或必要时打断他的讲话，"非常抱歉，我得挂电话了，我有一个约会，已经要迟到了。"或"对不起。我这里又来了一位客人，过一会儿我给您回电话，好吗？"

选自金正昆、刘桦主编：《现代礼仪》，98页，北京，北京师范大学出版社，2006。

四、使用手机

手机已经成为当今人们工作和社会交往中不可缺少的通信工具，它在人们的生活中发挥着重要作用。在使用手机时，应按手机使用礼仪规范，自觉遵守公共秩序，注意安全，不要影响别人。

1. 遵守秩序

不应在一些公共场合，尤其是楼梯、电梯、路口、人行道等人来人往之处旁若无人地使用手机。

不应在应保持寂静的公共场所如音乐厅、美术馆、影剧院、图书馆等使用手机，必要时应关机或将手机设置成静音状态。

不能在聚会期间如开会、会见、上课等场合使用手机，以免分散别人的注意力。

2. 注意安全

不要在驾驶车辆时使用手机。

不要在病房、油库等不允许使用手机的地方使用手机。

不要在飞机上使用手机。

3. 注意礼节

手机只是一种通信工具，不应在众人面前有意摆弄和炫耀。为方便他人和你联系，应尽量不停机、关机，也不要不接电话。改换电话号码后，应及时通知朋友、同事，以便和你联系。

思考 与 练习

1. 打电话时，应注意的礼仪有哪些？

2. 接电话时，应注意哪些问题？

3. 使用手机时，应注意哪些问题？

4. 如果你正在与园长通电话，自己所有要讲的事情已经讲完了，这时应该由谁先挂断电话？为什么？

◀ 学习反思 ▶▶▶

任务五
餐饮礼仪

学习笔记

随着社会的进步，在人际交往中，常利用餐饮活动作为社交活动的一种具体形式，以展示个人的良好修养，表达对交往对象的敬重、友善和诚意。

一般来说，餐饮礼仪指的主要是人们在餐饮活动之中所必须认真遵守的行为规范。学习餐饮礼仪，首先应当着重掌握餐饮礼仪的下列两条基本原则。

餐饮礼仪的第一条基本原则叫作"六M原则"。它是在世界各国广泛受到重视的一条礼仪原则。其中"六M"指的是六个以"M"为字头的单词：Meal（美食）、Meeting（会见）、Menu（菜单）、Manner（举止方式）、Music（音乐）、Mood（气氛），它们都是人们安排或参与餐饮活动时应当注意的重要问题。这条原则的主要含义指的就是在安排或者参与餐饮活动时，力求使自己在这些方面的所作所为符合律己、敬人的行为规范。

餐饮礼仪的第二条基本原则叫作"餐饮适量原则"。它的主要含义是：在餐饮活动中，不论是活动的规模、参与的人数、用餐的档次，还是餐饮的具体数量，都要量力而行，务必要从实际需要和实际能力出发，进行力所能及的安排。

一、中餐礼仪

中餐，是中式餐饮的简称。它所指的是一切具有中国特色的、依照传统方法制作的、为中国人日常生活之中所享用的餐食和饮品。其中最主要的则是具有中国传统风味和特色的饭菜。

1. 用餐的方式

中餐的用餐方式，主要是指以哪一种具体形式用餐的问题。对于中餐的用餐方式，依据不同的划分标准，可以有多种多样的具体划分。

站在社交礼仪的角度上来说，划分中餐的用餐方式主要可以依据用餐的规模和餐具的使用进行。按照目前约定俗成的做法，根据中餐用餐规模的不同，可将其用餐方式划分为宴会、家宴、便餐等具体形式。

人们享用便餐的地点往往多有不同，例如，在家里、单位、餐馆等。享用便餐时，礼仪讲究最少。

2. 座次安排

在中餐礼仪中，座次的安排是一项十分重要的内容。它关系到来宾和主人给予对方的礼遇，故受到宾主双方的重视。

（1）宴请时桌次的排列。

在中餐宴请活动中，往往采用圆桌布置菜肴、酒水。如客人较多，有两桌及以上时，需对桌次进行排列。

当两桌横排时，其桌次是以右为尊。这里所讲的右与左，是由面对正门的位置确定的，这种做法也叫"面门定位"法。

当两桌竖排时，其桌次则是以远为上，以近为下。这里所谓的远近，是针对距离正门的远近而言的。此法亦称作"以远为上"法。

由三桌或三桌以上的桌数所组成的宴请，通常叫多桌宴请。在安排多桌宴请的桌次时，除了要注意"面门定位，以右为尊，以远为上"等规则之外，还应兼顾其他各桌与主桌的距离，即与第一桌的远近。通常，距离主桌越近，位次越高；距离主桌越远，位次越低。这项规则亦称为"主桌定位"法）。

两桌横排

两桌竖排

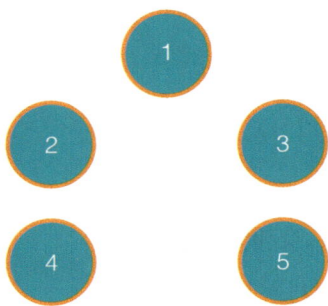

多桌排列

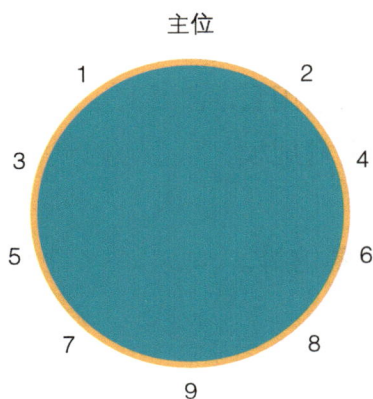

主位

每桌只有一个谈话中心

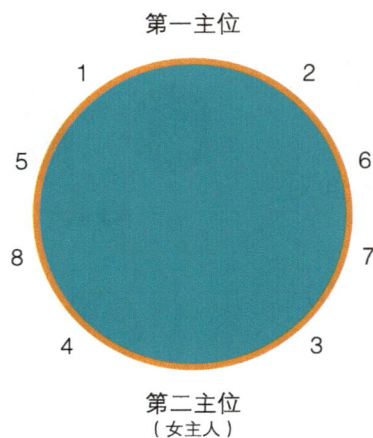

第一主位

第二主位
（女主人）

每桌有两个谈话中心

（2）宴请时位次的排列。

在进行宴请时，每张餐桌的具体位次也有主次尊卑之别，需按规范进行排列，这也具有体现礼仪的作用。

第一种情况：每桌一个主位的排列方法。其特点是每桌只有一名主人，主宾在其右首就座，每桌只有一个谈话中心。

第二种情况：每桌两个主位的排列方法。其特点是主人夫妇就座于同一桌，以男主人为第一主人，以女主人为第二主人，主宾和主宾夫人分别在男女主人右侧就座。每桌在客观上形成了两个谈话中心。

3. 进餐礼仪

进餐前，勿用餐巾或餐纸擦拭餐具。

取菜时，盘中食物不要盛得太多，吃完后再取。

如遇不爱吃的菜肴，当服务员上菜或主人夹菜时，不要拒绝，可取少量放在盘内，并说"谢谢，够了"。对不合口味的菜，切勿显露厌恶的表情。

进餐时，要注意风度，要闭嘴咀嚼，不要舔嘴唇或发出声响，咀嚼时不要讲话。

嘴里有骨头、鱼刺，不要直接往外吐，可用餐巾捂嘴，用手或筷子取出，放在骨盘内。

饮酒干杯时，即使不能喝，也应将杯口在嘴唇上轻碰一下，以示敬意。

进餐时，不可狼吞虎咽，也不要一点都不吃。当主人劝客人再添菜时，如有胃口，添菜不算失礼。

未吃完的菜和用过的餐具、牙签等都应放在盘内，切忌放在桌子上。剔牙时，应用手或餐巾遮口。

不可在餐桌前化妆、擤鼻涕、打嗝等。进餐时，打嗝是最大禁忌，万一忍不住打嗝，应立即向周围人道歉。

不可中途退席。若有急事或特殊情况必须离席，需征得主人同意方可离开，以示礼貌。

相关链接

筷子与用餐

首席动筷是进餐信号

吃饭时，坐在首席座位上的人动筷子表示宴会开始，如果首席不拿筷子，别人先动筷子是违背礼仪规范的。

进餐过程中，如果与别人交流，最好把筷子放下说话。筷子一定要放在筷架上，放在杯子或盘子上都不合适。

如何用筷子表示进餐结束

饭吃饱了，筷子就要放到桌子上。怎么放呢？要两支筷子整齐地搁在靠碗右边的桌子上，并向主人表示饭菜很可口，等众人都放下筷子后，主人才能示意散席离座。切不可自己用餐完毕，扔下筷子走人。

选自王景华、邹本杰主编：《礼仪修养》，113 页，北京，北京师范大学出版社，2013。

二、西餐礼仪

学习笔记

西餐，是对西式饭菜的一种约定俗成的统称。西方各国的饭菜毕竟有着很大的差异，难以一概而论。不过，除与中餐在口味上存在区别之外，西餐还有两个鲜明的共性特点。其一，它们源自西方国家；其二，它们必须以刀、叉取食。久而久之，凡符合以上两个特点者，皆可以西餐相称。

目前，随着中西文化交流的扩大，西餐已经逐渐进入了中国人的生活，并受到一些人的欢迎。掌握一些有关西餐的基本常识，对我们在这种特殊的环境中交往是有很大帮助的。

1. 西餐的菜序

吃西餐时，一定要了解并遵守规范的菜序。

（1）正餐的菜序。

西餐的正餐，尤其是在正式场合所用的正餐，其菜序既复杂多样，又讲究甚多。在大多数情况下，西餐正餐的菜序由下列八个部分构成。一顿内容完整的正餐，一般要吃上一两个小时。

开胃菜。所谓开胃菜，即用来打开胃口之物，它亦称西餐的头盘。在西餐里，它往往不被列入正式的菜序，而仅仅充当着"前奏曲"的角色。在大多数情况下，开胃菜是由蔬菜、水果、海鲜、肉食所组成的拼盘。它多以各种调味汁凉拌而成，色彩悦目，口味宜人。

面包。在西餐正餐里所吃的面包，一般都是切片面包，或是根据需要从整个大面包上切片而食。有时，也有刚刚烤好的小面包。在吃面包时，通常根据个人嗜好，涂上各种果酱、黄油或奶酪。

汤。西餐之中的汤，大都口感芬芳浓郁，具有很好的开胃作用。按照传统说法，汤是西餐的"开路先锋"。只有开始喝汤时，才算正式开始吃西餐了。常见的汤类有白汤、红汤、清汤等。

主菜。西餐里的主菜有冷有热，但应以热菜为主角。在比较正规的正餐中，大体上要上一个冷菜、两个热菜。两个热菜之中，还讲究应当一个是鱼菜，另一个是肉菜。有时，还会再上一个海味菜。其中的肉菜必不可少，而且往往代表着此次用餐的档次、水平。

点心。吃过主菜后，一般要上一些诸如蛋糕、饼干、吐司、馅饼、三明治之类的小点心，供没有吃饱的人借以填饱肚子。吃饱的人，可以不吃点心。

甜品。吃毕点心，接着要上甜品，最常见的甜品有布丁、冰激凌等。

果品。接下来，用餐者还可在力所能及的情况下，酌情享用干、鲜果品。常见的干果有核桃、榛子、腰果、开心果等；草莓、菠萝、苹果、香蕉、橙子、葡萄等，则是最常见于西餐桌上的鲜果。

热饮。在用餐结束之前，应为用餐者提供热饮，以此作为"压轴戏"。最正规的热饮是红茶或什么都不加的黑咖啡，两者只能选择其一，而不同时享用。它们的作用主要是帮助消化。西餐的热饮可以在餐桌上喝，也可以换一个地方，离开餐桌去客厅或休息厅里喝。

（2）便餐的菜序。

在普通情况下，出于节约金钱和时间方面的考虑，人们并不总是要去吃西餐全套。假如不是为了尝鲜、犒劳自己，而只是为了完成任务的话，点上几个有特色、有代表性的西菜，也就足够了。

通常，一顿西餐便餐的标准菜序应当是方便从简，由开胃菜、汤、主菜、甜品、饮品五个部分构成。

2. 西餐的座次

在西餐用餐时，人们对座次问题十分关注。越是正式的场合，这一点就显得越重要。与中餐相比，西餐的座次排列既有不少相同之处，也有许多不同之处。以下将对此略作介绍。

在绝大多数情况下，西餐的座次问题更多地表现为位次问题。至于桌次问题，除非是极其隆重的盛宴，一般对此涉及较少。以下主要讨论的便是西餐的位次问题。

排列西餐的位次，一般应依照一些约定俗成、人所共知的常规进行，了解了这些基本规则，就可以轻而易举地处理好位次问题。

第一，女士优先。在西餐礼仪里，女士处处备受尊重。在排定用餐位次时，尤其是安排家宴时，主位一般应请女主人就座，而男主人则须退居第二主位。

第二，恭敬主宾。在西餐之中，主宾极受尊重。即使用餐的来宾之中有人在地位、身份、年纪方面高于主宾，主宾仍是主人关注的中心。在排列位次时，应请男、女主宾分别紧靠着女主人和男主人就座，以便其进一步受到照顾。

第三，以右为尊。在排列位次时，以右为尊依旧是基本原则。就某一特定位置而言，其右侧之位理应高于其左侧之位。例如，应安排男主宾坐在女主人右侧，安排女主宾坐在男主人右侧。

第四，距离定位。一般来说，西餐桌上位次的尊卑往往与其距离主位的远近密切相关。在通常情况下，距主位近的位子高于距主位远的位子。

3. 西餐的餐具

使用刀叉进餐是西餐最重要的特征之一。

刀叉是对餐刀、餐叉两种餐具的统称。在正规的西餐宴会上，通常讲究吃一道菜要换一副刀叉。也就是说，吃每道菜时，都要使用专门的刀叉。既不可以胡拿乱用，也不可以从头至尾只使用一副刀叉。

使用刀叉，一般有两种常规方法可供借鉴。

其一，英国式。它要求在进餐时，始终右手持刀、左手持叉，一边切割，一边叉而食之。通常认为，此种方式较为文雅。

其二，美国式。它的具体做法是，先是右刀左叉，一口气把餐盘里所要吃的东西全部切割好，然后把右手里的餐刀斜放在餐盘前方，将左手中的餐叉换到右手里，再来大吃一气。这种方式的好处是比较省事。

使用刀叉可以向侍者暗示用餐者是否吃好了某一道菜肴。其具体方法是：如与人攀谈时，应暂时放下刀叉，将刀叉刀右叉左，刀口向内、叉齿向下，呈汉字的"八"字形摆放在餐盘上。它的含义是此菜尚未用毕。但要注意，不可将其交叉放成"十"字形。在西方人们认为，那是一种令人晦气的图案。

如果吃完了，或不想再吃了，则可以刀口向内、叉齿向上，刀右叉左地并排纵放，或者刀上叉下地并排横放在餐盘里。这种做法等于告知侍者：本人已用好此道菜，请连刀叉带餐盘一块收掉。

思考 与 练习

1. 中餐进餐时应遵循哪些礼仪规范？

2. 中餐和西餐在进餐时有哪些不同之处？

3. 西餐的位次安排有哪些要求？

4. 结束西餐用餐时，刀叉应该如何摆放？它与中途暂时不用餐有什么区别？请用图示法表示出来。

学习反思 ▶▶

模块四

幼儿园教师用语礼仪

以语润童，铸魂育人

在幼儿教育的殿堂，教师的言语如春风化雨，滋养着每一颗纯真的心灵。党的二十大报告指出，要办好人民满意的教育，而教育家精神强调以爱为核心，以智慧启迪未来。这深刻指引着幼儿园教师用语礼仪的重要方向。

教师的语言，是开启幼儿认知世界的钥匙。遵循语言原则，做到简洁易懂、积极正向，为幼儿营造健康的语言环境。教学用语讲究礼仪，用生动有趣、富有启发的话语，点燃幼儿求知的火焰，培养他们对学习的热爱。谈话礼仪中，耐心倾听、真诚回应，让幼儿感受到尊重与关爱。

作为幼儿教师，我们肩负着为党育人、为国育才的使命。以党的二十大精神为灯塔，以教育家精神为风帆，规范自身用语礼仪，用温暖、智慧的语言，在幼儿心中播下真善美的种子，助力他们茁壮成长为有理想、有本领、有担当的时代新人。

学习导航

模块四　幼儿园教师用语礼仪

— 任务一　幼儿园教师的语言原则

— 任务二　幼儿园教师的教学用语礼仪

— 任务三　幼儿园教师的谈话礼仪

任务一
幼儿园教师的语言原则

学习笔记

一、幼儿园教师的语言

教师语言是一种行业语言，是一般语言在教师行业中的变化形式。它是教师传递信息的媒体，是教学的主要工具，是一种专业化的创造艺术。教师语言是教师的职业工具，根据教师工作性质的不同，可以分为教学工作语言与教育管理工作语言。幼儿园教师教书育人的对象是幼儿，是特殊的群体。幼儿园教师的语言有其特殊性，不仅是规范化的语言，还必须是纯洁的、生动的、有趣的并具有启发性的语言。这就要求幼儿园教师掌握幼儿语言和身心发展规律，扩大知识面，吸取语言精华，收集专业信息，提高自己的知识水平和专业素质，注重自己的语言修养，充分发挥语言的魅力，从而达到良好的教育效果。

幼儿园教师语言艺术对建立和谐的师幼关系起着重要的作用，师幼之间应相互尊重。幼儿园教师应欣赏理解每一名幼儿，热爱尊重每一名幼儿，对每一名幼儿认真负责。幼儿园教师应通过言行让幼儿感到对自己的爱和尊重，感受到教师对自己的肯定。幼儿园教师的语言艺术是建立这种温馨的师幼关系的重要媒体。

幼儿园教师的语言艺术对幼儿的人格发展有着重大影响。幼儿园教师应把每位幼儿看成具有独立人格、拥有独立个性的主体，尊重、理解幼儿，创造平等和谐的氛围，引导幼儿发挥他们的主体能动性及丰富的创造潜力，使孩子们在知识的殿堂里不断地生成新的发现、新的感受、新的经验、新的收获。

二、幼儿园教师的用语原则

1. 语法规范

幼儿园教师在教学工作中应做到发音准确、用词恰当、条理清晰、表述得体。幼儿园教师语言特别是教学口语，因时间、空间的限制，遣词造句应该避免啰嗦、冗长，尽量做到规范、简洁。陶行知先生说过："做学问最忌的就是玄想、武断。"这就要求幼儿园教师讲解时用语要准确，语言表达要辩证，防止绝对化。幼儿园教师规范的语言包括语音、词汇和语法等方面。在语音方面，教师要使用符合普通话的标准发音，做到发音清楚、吐字准确，不使用方言，不念错字、白字；在词汇方面，教师要使用规范的词语，不生搬硬套外来词，不夹杂方言词语；在语法方面，应以典范的现代白话文著作为语法规范。

2. 内容恰当

幼儿园教师要根据幼儿的年龄和心理特点，根据不同的学习内容、不同的学习环境采用不同的语言；要有意识地把已学知识与未学内容联系起来，把课本知识与现实生活联系起来，最大限度地充实教学内容；切忌空洞说教，应做到言之有物、一语中的。

3. 平等尊重

《幼儿园教育指导纲要（试行）》倡导"教师应成为幼儿学习活动的支持者、合作者、引导者"，即要求幼儿园教师视幼儿为平等的合作伙伴，应以商量的口吻、讨论的方式指导幼儿的活动，支持幼儿的探索。

4. 态度和蔼

幼儿情绪具有不稳定和易冲动的特点。教师的态度很容易影响幼儿的情绪和情感。教师态度和蔼，会给孩子一个积极的信号，在获得了教师的表扬与认可后，幼儿就会产生积极、愉快的情绪，会变得自信、开朗、乐观。相反，教师态度严厉，动辄呵斥、惩罚幼儿，幼儿会认为自己未能获得教师的认可，而产生消极的、不愉快的情绪，变得自卑、内向、悲观，严重影响其人格的发展。因而，教师不要把负面情绪带到工作中去，应保持愉悦的心态，掌握幼儿心理发展特点，满足幼儿情感发展的需要，为幼儿创设和谐、轻松、愉悦的氛围。这样才有利于幼儿良好人格的形成。

5. 方式合宜

幼儿园教师教育教学方式要因地制宜、因时制宜、因人制宜、因课制宜，面对不同的学习环境、不同年龄段和不同特点的幼儿、不同的学习材料，要使用不同的语言，也就是要因材施教。只有这样，教师的教育教学才有针对性，才可以有的放矢，取得较好效果。

6. 生动有趣

优秀幼儿园教师的语言都应具有含蓄、幽默的风格。含蓄、幽默的语言有助于吸引幼儿，活跃课堂气氛。幼儿园教师平时在授课中应力求语言幽默风趣。要用鲜活、优美、风趣的语言步步引导幼儿，激发幼儿的求知兴趣和探索精神，带领他们不断地进入求知新境地。

7. 关爱激励

语言自有其感人的力量，语言真正的美离不开言辞的热情、诚恳和关爱激励。因而，幼儿园教师要把鲜活的灵感和思想贯彻到自己的教育教学活动中去，这样才能打动幼儿的心，使之产生共鸣、受到感染。著名教育学家陈鹤琴深谙幼儿心理，曾说"无论什么人，受激励而改过，是很容易的，受责骂而改过，比较不大容易，而小孩子尤其喜欢听好话，而不喜欢听恶言"。幼儿园教师语言的感情色彩，源于对幼儿教育事业的热爱、对幼儿教育的赤诚之心。幼儿园教师要善于激发幼儿的主体意识，注意从已知到未知、从感性到理性，引导幼儿从不同层面质疑问难，用语言的魅力征服学生，使他们保持对未知世界的探索精神。

德国教育学家第斯多惠提出"教学艺术的本质不在于传授，而在于激励、唤醒和鼓舞"。激励性的语言能使学生保持良好的学习心境，激发幼儿的学习热情与兴趣。幼儿园教师对幼儿的优点、努力、进步、成绩进行肯定与表扬，是幼儿信心的源泉，是爱的传递，也是教学的有效方法。幼儿园教师要看准时机，适时表扬。一名优秀的幼儿园教师，应是善于表扬、深谙表扬艺术的专家。

✐ 学习笔记

相关链接

教育智慧

子路问："闻斯行诸？"子曰："有父兄在，如之何其闻斯行之？"

冉有问："闻斯行诸？"子曰："闻斯行之。"

公西华曰："由也问：'闻斯行诸？'子曰：'有父兄在。'求也问：'闻斯行诸？'子曰：'闻斯行之。'赤也惑，敢问。"子曰："求也退，故进之；由也兼人，故退之。"

思考与练习

1. 幼儿园教师的用语原则有哪些？

2. 小蓓是一个性格内向的孩子，在幼儿园里从不主动和别人说话，没有朋友，常常自己躲在角落里看其他小朋友玩，显得形单影只。教师通过家访了解到，小蓓的爸爸外出打工了，小蓓看见别的小朋友每天有爸爸接送，很羡慕，又感到有些自卑。

根据这一情景，设计一段沟通语，鼓励小蓓融入小朋友中，开心快乐地生活。

（1）小组内分角色扮演，评价并体会幼儿园教师用语的基本原则。

（2）能够正确理解、运用幼儿园教师用语的基本原则，与幼儿进行有效沟通。

☑ 学习反思 ▶▶▶

任务二
幼儿园教师的教学用语礼仪

学习目标

1. 理解幼儿园教师教学用语禁忌。
2. 掌握幼儿园教师常用的礼貌用语。
3. 正确运用幼儿园教师课堂用语。

学习笔记

一、礼貌用语

礼貌是指人们用语言、行动所表现出来的恭敬谦虚，而礼貌用语则是尊重他人的具体表现，是建立和谐人际关系的敲门砖。幼儿园教师无论是在教育教学活动中，还是在人际交往中，都必须讲究礼仪，使用礼貌用语。幼儿园教师要做一名受人尊敬的教师，言行举止更要讲究礼貌。

1. 幼儿园教师使用礼貌用语的原则

声音清晰悦耳。
内容准确充实。
语气诚实恳切。
表达恰到好处。
表情亲切自然。
举止文明优雅。

2. 幼儿园教师常用的礼貌用语

幼儿园教师经常使用的礼貌用语主要包括"您好""请""谢谢

你""对不起""没关系""再见"等。

对幼儿的问好道别，教师要认真回礼、热情回应。让幼儿做事情要用"请"，这是尊重、平等对待幼儿的表现。麻烦别人时，"请"都是必须挂在嘴边的礼貌用语，如"请问""请坐""请回答""请用餐""请指教""请关照"等。使用"请"会使话语变得委婉而有礼貌，是较自然地把自己的位置降低、将对方的位置抬高的最好办法。

幼儿帮教师做完事，教师要真诚地说"谢谢你"，恰当地运用"谢谢"会使教师的语言充满魅力，使幼儿感到温暖和愉快。

对他人的道谢要答谢，可以用"没什么，别客气""我很乐意帮忙""应该的"等来回答。

学会使用"对不起"向他人道歉。幼儿园教师要把幼儿当作具有独立人格的人，要培养幼儿的独立、平等的人格，就需要注意细节，如果误会了幼儿，需向幼儿道歉。在社交场合需要别人帮忙时，说句"对不起，您能帮我把杯子递过来吗"，则能体现一个人的谦和及素养。

幼儿园教师还应当使用文明用语。幼儿园教师的职责是教书育人，因而在教育教学中应避免不良的语言表达习惯，禁止使用污言秽语和讥讽侮辱性言辞。幼儿园教师文明语言与文明行为应相一致，教师的一言一行都应展现教师的良好素养，使幼儿感受语言的美学内涵，给幼儿树立良好的语言榜样，让幼儿从教师良好的行为举止中受到潜移默化的影响，进而培养美好的品德，如关爱他人、团结互助、守信用、懂礼貌等，这些美好的品德会对幼儿终身产生深远的影响。

（1）对待幼儿。

"你好！"

"小朋友好！"

"你真讲礼貌！"

"你好！见到你真高兴！"

"谢谢你。"

"你真棒！"

（2）对待家长。

"您好！"

"谢谢您！"

学习笔记

"谢谢您的配合与支持！"

"关心孩子是我的责任。"或者"这是我应该做的。"

"让我们来商量一下，怎样做对孩子的发展更好。"

（3）对待同事。

"我有个建议，您可以听听吗？"

"我有个问题想向您请教一下。"

"谢谢您对我的关心和帮助。"

相关链接

幼儿园教师文明用语

教师对幼儿

1. 培养自信：你回答得真好。

2. 培养自信：你爱动脑筋，老师真为你高兴。

3. 培养自主：请你来回答这个问题。请坐下。

4. 培养自信：没关系，再仔细想想。

5. 沟通交流：愿意和老师交朋友吗？

6. 培养自信：老师相信你一定行。

7. 沟通交流：我来帮你，好吗？

8. 培养自信：不着急，咱们一起试试。

9. 培养自律：你想一想这样做对不对？

10. 培养自理：自己试着做一做。

教师对家长

1. 支持帮助：您好，有什么需要帮忙的吗？

2. 沟通交流：请您放心，我们会照顾好您的孩子。

3. 鼓励支持：谢谢您对我们工作的支持。

4. 沟通交流：您看我们这样做好吗？

5. 沟通交流：耽误您一点时间，我想和您交流一下孩子的情况。

6. 沟通交流：对不起，让您久等了。

7. 支持帮助：您有什么困难？我可以帮助您吗？

8. 沟通交流：您的孩子一直有进步，只是……还需要努力。

二、教学用语

1. 课堂用语

幼儿园教师在教学活动中离不开语言表达。幼儿园教师的语言会影响幼儿思维的灵活性和独立性；幼儿园教师的语言材料会影响幼儿思维的广阔性和深刻性。3~6岁的幼儿处于学习语言的关键期，幼儿园教师的语言对幼儿起着示范作用。因而，作为一名幼儿园教师，教学时要注意语言表达的礼仪规范。幼儿园教师的课堂用语应达到：声音美，即语调柔和，语速适中，发音准确；谈吐美，即表情专注，动作适度；境界美，即语言高雅，富有魅力。

（1）语言柔和动听。

语气柔和，委婉动听，亲切自然，忌大声呼叫。幼儿园教师组织教学活动，声音不宜太高，声音太高教学效果不好，教师也容易疲劳；声音也不宜太低，太低难以听清，影响表达效果。幼儿园教师的语言应柔和动听，如涓涓流水，渗透到幼儿的心里。

（2）语言清晰明白。

幼儿园教师要使用标准的普通话，发音纯正、用词规范、语句流畅、遣词造句符合现代汉语的语法习惯，即表达要准确。这是幼儿园教师的工作性质决定的。幼儿园教师正确的口语表达可以影响、感染幼儿，帮助幼儿提高民族语言素质。另外，幼儿的有效注意时间较短、瞬时记忆能力较强，幼儿园教师进行教学活动时，要抓住教学重点，有的放矢，不说废话。因此，教师的课堂用语要简短、精炼，尽量使用儿童化的、易于幼儿理解的短句，这样，既吸引了幼儿的注意力，又让幼儿更容易理解内容。

（3）语言生动有趣、儿童化。

幼儿园教师用生动有趣的语言让幼儿领略丰富多彩的外部世界，拓展幼儿认知和思维的空间，培养幼儿的想象力和创造力。正如苏霍姆林斯基所说："儿童记忆之所以牢固和敏捷，正是由于他们的记忆注入了鲜明的形象、图画、概念和印象的清澈的溪流。儿童的思维之所以能精细入微、出人意料而富有哲理，使我们吃惊，也正是因为他们的思维受到了这小溪流的生机勃勃的源头的滋润。"因而幼儿园教师的语言要生动、活泼、风趣、幽默，活跃课堂气氛，激发幼儿的学习兴趣，加强幼儿的无意注意，延长幼儿注意力集中的时间，有效地提高幼儿集中注意力的能力。

（4）节奏鲜明。

教师要注意用好教学语言，切忌平淡无奇，声音要高低起伏。因为忽高忽低的声调会让语言有一种神秘感，能有效地吸引幼儿的注意力。例如，全班都吵吵闹闹的时候，教师的一句"窃窃私语"就会引起幼儿的兴趣，他们就自然而然地静下来了。幼儿园教师的语音要抑扬顿挫，有一定的节奏感和旋律美，要使幼儿感受到语言魅力。苏霍姆林斯基说过："如果在语言的旁边没有艺术的话，无论什么样的道德训诫，也不能在年轻人的心里培养出良好的、高尚的情感来。"借助语音的轻重、语速的缓急、语调的

🖋 学习笔记

抑扬等千姿百态的细微差异，能表达极为丰富复杂的思想感情。声情并茂的语言，可以使幼儿听起来舒服，精神饱满，津津有味。随着教学语言的声调不断得到调节、转移和强化，提高教学效果。

2. 幼儿园教师的评价语言艺术

幼儿园教师在教育教学中多给幼儿一些表扬与肯定，可以增加幼儿的自信心，激发他们的学习兴趣，增强教师对幼儿的亲和力。

第一，评价语言要丰富而有针对性，不能什么事都用"你真棒"。幼儿主动向别的小朋友打招呼，要表扬"你真懂礼貌"；幼儿克服了胆小的心理后，要夸"你真勇敢"等。

第二，幼儿园教师要从发展的眼光和角度去评价，要重视幼儿的个体差异性。每个幼儿的发展各具自己的特点，幼儿园教师要针对幼儿的特点给予肯定性的评价，鼓励幼儿，提高幼儿自信心，而不是用一个标准、一把尺子评价幼儿。

第三，把握评价的恰当时机。幼儿园教师要随时注意观察幼儿的生活和活动，把握最有效的教育机会，给予幼儿认可和肯定，从而起到事半功倍的教育效果。

3. 幼儿园教师的教学用语禁忌

一个人的言行反映了一个人的礼貌素养和精神世界。幼儿园教师在言行上对幼儿起着示范作用，在教育教学中，有些话对幼儿园教师来说是语言禁区。

污言秽语。要净化幼儿的心灵，就要用干净文明的语言。

大话套话。语言要切中实际，有的放矢。

谩骂侮辱。会伤害幼儿的人格、自尊心，谈吐要文雅。

埋怨责怪。于事无补，打击幼儿信心。可以分析原因，下次改进。

蛮横压制。无法培养幼儿的独立人格，导致幼儿自卑内向。

威胁恐吓。简单粗暴，会扼杀幼儿的纯真，导致幼儿自卑胆小。

讽刺挖苦。变相体罚，坚决制止。

偏激武断。要宽容大度，平等交流。

苦苦哀求。幼儿会变本加厉，不如晓之以理。

威逼利诱。不如动之以情，晓之以理。

相关链接

重庆市渝中区教师向全市广大教师发出倡议，推出教师不能使用的十条禁语（摘自 2013 年 6 月 17 日《宁波晚报》）。

你为什么这么没用。

你简直无可救药。

你再这样调皮，我就要请家长。

你怎么这么笨。

你再不努力学习，就考不上好中学、大学，将来就没什么出息。

你这样总是在全班最后一名或者倒数几名，对得起你的父母吗？

全班同学不要像他（她）那样。

某某同学是我们班最好的学生。

某某品德不好，是全班最差的。

你不认真学习可以，但不要影响其他同学。

思考与练习

1. 幼儿园教师的语言表达有哪些要求？

2. 幼儿园教师使用礼貌用语的原则有哪些？

学习反思 ▶▶▶

任务三
幼儿园教师的谈话礼仪

1. 了解幼儿园教师谈话的态度。
2. 理解和运用幼儿园教师谈话中使用的言辞。
3. 掌握幼儿园教师谈话时应注意的问题。

学习笔记

谈话是一种艺术，我国当代著名语言学家、语文教育学家张志公曾说："善于说话不是一件简单的事。有思想，有丰富的知识，有敏捷而致密的思维能力，有丰富的语言材料准备，有敏捷的驾驭语言的能力，有丰富的社会经验，知道在什么样的场合用什么样的语言是得体的，效果是好的，有力量的，如此等等。这是善于说话需要具备的条件。至于听觉灵敏，发音清晰，能说正确流畅的标准语等那些基本功，更是不在话下的。"谈话不仅要注意发音清晰、准确，还要借助人的情态、手势等以达到更好的交谈效果。

一、说话的态度

谈话重在交流与沟通，要想达到这个目的，就一定要讲究谈话的艺术。英国哲学家培根曾说："关于谈话的艺术还应当了解：温和的语言其力量胜过雄辩，不善问者是笨拙的，但没有原则的论辩却是轻浮的。讲话转弯子太多令人生厌，但过于直截了当会显得唐突，能掌握分寸的人，才能精通谈话艺术"。谈话时的态度有时比谈话的言辞更容易打动人。作为一名幼儿园教师，谈话态度要注意以下几点。

1.真诚坦荡

谈话是为了交流与沟通，彼此真诚坦荡可以使谈话进行得愉快。对人要诚心诚意，不要言行不一、巧言令色。"其言必信，其行必果，已诺必诚"，"不矜其能，羞伐其德。"发自内心的真诚的外在表现就是和善的语气，如使用商量的口气，降低音量；语速恰当，给人以亲切感。与人坦诚交流，赤诚以待，会增进情感交流，获得他人的好感与支持。

2.尊重平等

语言作为交流的工具，具有互动的特点。谈话双方要互相尊重，平等相待。包括幼儿在内，每个人都是独立的个体，拥有独立的人格，不要高高在上。教师应是站着教书，坐着育人。德国哲学家雅斯贝尔斯指出：教育不能无视学生的现实处境和精神状况，而认为自己比学生优越，不能与学生平等相待，不能向学生敞开自己的心扉。幼儿园教师在谈话时要学会摆正自己的位置，从内心尊重他人，其实也是尊重自己。

3.区别对待

幼儿在成长的过程中，个性特征、成长节奏、成长类型都是各不相同的。所以在幼儿园教育中，教师应尊重孩子的个体差异并予以区别对待，不同的情况要做不同的分析，并采取不同的谈话方式。

二、谈话中使用的言辞

第一，尊敬的言辞。尊敬他人就是尊敬自己，它的外化形式就是使用尊敬的言辞，如"请""您""您好""请坐""请进"等。一个"您"字表达了对对方的尊重，一个"请"字则会使交谈顺利进行。幼儿是独立的个体，在与其谈话中也不要忘记使用敬称，如"某某小朋友，请坐"。与幼儿平等相待，收获的是幼儿对自己的尊重。

第二，礼貌的言辞。礼貌用语适合于任何场合，它表现了一个人的良好修养，表示对他人的友好态度，如"请多多指教""谢谢您的帮助""您好"等。礼貌的言辞同样应该用于和幼儿的谈话中，言传身教，使幼儿潜移默化地接受礼貌用语，并成为发展自身语言的一部分。

第三，委婉的言辞。语气要委婉、温和。尽量少用肯定的或绝对的语

学习笔记

气，如"这件事你肯定错了""我绝对没错"等，这不仅让人感觉生硬、突兀，容易造成冷冰冰的说话氛围，而且不利于双方的交流与沟通。要尽量用委婉的语气，如："谢谢您！让我们再了解一下。""请您放心，我们再商量商量，尽量帮您解决。""对不起，能耽搁您一点时间吗？"这样的话更容易让人接受。

三、谈话的距离

谈话是人们交往的一种方式，其目的在于交流、沟通思想感情，根据谈话的内容和谈话双方的关系来选择恰当的距离，是十分必要的，因为恰当的距离不仅方便交流，更能表达对对方的尊重。距离过近，容易使双方感觉自己受到侵犯，造成紧张的心理；距离过远，则会使双方产生疏远的感觉，像是在谈判，而非谈话。那么，什么样的距离才适于人们交谈呢？这要依据谈话的内容和双方关系的亲疏来确定。人们交流、接触的区间可分为四个范围，分别为亲密距离、个人距离、社交距离、公共距离，根据幼儿园教师在教育教学中所涉及的谈话对象，可分为以下几类。

与幼儿谈话的距离。它的范围应在 0.5～1.2 米，这种距离的谈话比较温馨、柔和，也容易和幼儿进行沟通、交流。

与家长谈话的距离。它的范围应在 1.2～3.6 米，这样的距离适用于初识之人或几位陌生人之间，谈话双方有安全感，能轻松、自然地交流。

与同事谈话的距离。它的范围应在 0.5～1.2 米，这一距离还适用于朋友、家人或熟识的人，谈话氛围比较温馨、柔和。

在谈话时，要适当地保持距离，给双方留一定的空间，才能更好地进行人际交往。

四、谈话时应注意的问题

1. 一般交往场合需要注意的问题

在交谈中要考虑对方的心理感受，不要只顾自己的痛快，口无遮拦，而导致对方不愉快。谈话时要注意：

用双方能听懂的语言。不要使用方言、俚语、专业术语等，让人不知所云。

谈令人愉快的话题。一般不涉及个人疾病、不幸、死亡等不愉快的事情。

不要询问私人的话题，如女士的年龄、婚否、个人家庭财产情况、工资收入等。

不要谈论特殊的风俗习惯和一些宗教禁忌等。

不要谈论单位的人事纠纷、小道消息。

2. 与幼儿谈话时需要注意的问题

第一，平等的氛围。和幼儿谈话时，语气要平和亲切，尽量和幼儿平视，不要用刺耳的高音，要营造出平等的氛围，暗示幼儿：我在和你平等地交流。

第二，专注的神态。交谈中，神态要专注，左顾右盼、心不在焉是对幼儿的不尊重，谈话也就难以进行下去。

第三，简明的语言。交谈时，要简洁、明了，不要拐弯抹角，要适合幼儿的年龄特点。

第四，适当的回应。幼儿说话时，教师要恰当地使用面部表情和肢体语言，如专注的神情、不时地微笑、点头等，使幼儿感觉到你在认真倾听，这会鼓励幼儿大胆地表达自己的见解。

第五，耐心地倾听。不要随意打断幼儿的话语，让幼儿把话说完。注意控制自己的感情，不要过于激动，以免吓到幼儿。

第六，礼貌的语言。不要用尖酸刻薄的话语讽刺挖苦幼儿，这样会伤害幼儿的心灵、丑化自己的形象，要使用文明礼貌的语言。同时，对于幼儿，尽量不问他们不愿回答的问题。

3. 与家长谈话时需要注意的问题

第一，要尊重家长，平等交流。不要居高临下，盛气凌人。要努力创设和谐宽松的交流氛围，加深双方对幼儿的了解，以利于对幼儿的教育。

第二，语言要客气。对幼儿要多表扬少批评，既要肯定幼儿的进步，又要诚恳地指出其不足之处，切忌与别的幼儿做比较。

第三，委婉地提出建议。询问对方的意见，不要用命令的口气，要用商量的口气。交流中，委婉地给家长一些自己的建议。

第四，控制音量，保持合适的距离。

学习笔记

五、正确使用辅助手段

在谈话中要注意察言观色，就是不仅要注意听有声语言，听出弦外之音，还要注意对方的无声语言即态势语。在谈话过程中，说话人的神情容貌、举手投足及身体姿态随时都在传递各种信息，它们补充和强化了有声语言的信息。因而，在谈话时，要注意对方的眼睛、手势、面部表情等信息，以达到更好地交流与沟通的目的。

相关链接

乳山幼师附属幼儿园非常注重教师与家长的沟通礼仪，培养出许多优秀的教师。

镜头一：家长反映问题时，教师态度冷静，认真委婉，让家长把话说完。"谢谢！让我们再了解一下。请您放心，我们再商量商量，尽量帮您解决。"

镜头二：家长之间发生冲突时，教师及时稳定家长情绪，分别与家长谈话。"别着急，孩子在园内发生事情，责任在我，您有什么意见请和我们说。"

镜头三：孩子发生事故时，教师如实说清，表示歉意。"真是对不起，今天……麻烦您多观察孩子，有什么不舒服时，需要我们做什么尽管与我们联系。"

镜头四：家长晚接孩子时，教师主动热情，耐心等待。"没关系，请您今后商量好谁接，免得孩子着急。"

镜头五：家长馈赠物品时，教师礼貌回绝。"您的心意我们领了，照顾孩子是我们应该做的，您别这么客气。"

镜头六：找个别家长谈话时态度平和，讲究艺术。"对不起，耽误您一会儿时间。"

镜头七：与家长联系时体贴关心、礼貌客气。"您好！我是××老师，今天××不舒服，您看是不是带他去医院？谢谢！给您添麻烦了。"

与家长之间多一点换位思考，也就多了一份理解与尊重。坚持原则，赢得家长一份尊重。多夸奖孩子，给他们的家长一份自信。交换意见，赢得家长一份理解。指导家长教育孩子，争取更好的配合。明确要求，给家长一个方向。夸奖家长，促使教育良性循环。出事之后，想在家长之前，做在家长之前。就事论事，对事不对人，凡事一分为二讲。从家长角度出发，说服家长配合幼儿园的教育。

选自赵雅卫、李显仁主编：《幼儿园教师礼仪》，43 页，北京，北京师范大学出版社，2013。

思考 与 练习

1. 幼儿园教师与幼儿谈话时应注意哪些问题？

2. 幼儿园教师与家长谈话时应注意哪些问题？

学习反思 ▶▶▶

模块五

幼儿园教师教育教学礼仪

礼育文明，师者为范

在新时代的教育征程中，党的二十大为我们指明了方向，强调要办好人民满意的教育，落实立德树人的根本任务。作为幼儿教师，我们肩负着为幼儿扣好人生第一粒扣子的重任，更应以教育家精神为指引，坚守教育初心，践行育人使命。

幼儿教育是人生启蒙的第一站，教师的言行举止、礼仪规范对幼儿的成长有着深远影响。教育家精神告诉我们，教师应以"言为士则、行为世范"的道德情操，成为幼儿的榜样；以"乐教爱生、甘于奉献"的仁爱之心，呵护幼儿的童心；以"启智润心、因材施教"的教育智慧，助力幼儿的全面发展。

在教育教学礼仪模块中，我们将深入探讨从仪表仪态到语言沟通，从课堂礼仪到家园互动，用规范的礼仪展现教师的专业素养，用温暖的言行传递教育的温度，让每一个孩子在爱与尊重的环境中茁壮成长。

让我们携手共进，以教育家精神铸魂育人，用礼仪之美点亮幼儿教育的天空，为培养新时代的栋梁之才奠定坚实基础！

学习导航

	任务一　师幼交往礼仪
	任务二　幼儿园教师保育礼仪
模块五　幼儿园教师教育教学礼仪	任务三　幼儿园教师教学礼仪
	任务三　幼儿园教师在幼儿一日活动中的礼仪要求

任务一
师幼交往礼仪

学习目标

1. 知道师幼互动中应注意哪些交往礼仪。
2. 了解如何给幼儿留下良好的"第一印象"。
3. 知道怎样才能做到"尊重幼儿，平等相待"。

案例导入

　　著名科学家达尔文非常重视幼儿教育，而且把它作为自己的研究课题进行探讨。有一天，一位贵妇人抱着一个孩子从远方专程来请教他。

　　"请问达尔文先生，我想教育好这个孩子，你说什么时候开始好呢？"

　　"亲爱的夫人，"达尔文瞅了贵妇人一眼，很关切地问，"请问这个孩子几岁了？"

　　"两岁半。"

　　"噢，夫人！很可惜，你已经晚了两年半了！"达尔文感慨地回答。

　　幼儿教育是基础教育、启蒙教育，幼儿园是一个人步入社会的第一站，也是一个人道德观念、行为习惯形成的关键时期。幼儿园教师是对幼儿一生成长产生巨大影响的关键人物，他们的言行举止、待人接物等都会对孩子起着潜移默化的作用。

学习笔记

一、关键的"第一印象"

　　幼儿园教师的"第一印象"是教师在教育教学活动中首次留给幼儿的

印象。在社会心理学中，第一印象是在总体印象形成上比后来获得信息影响更大的现象，称为首因效应，也叫最初效应。良好的第一印象不仅影响着幼儿园教师威信的建立，还决定着教师和幼儿能否成功交往。怎么做才能给幼儿留下良好而深刻的第一印象呢？

1. 舒适、温馨的活动环境

幼儿园教师力求给幼儿创造整洁、舒适、温馨的教育环境。幼儿喜欢色彩鲜艳、线条明快的图案。教师在幼儿入园前，将活动室按照材料、色彩及图案的选择和搭配布置好，让幼儿一进园就喜欢上活动室，给幼儿在视觉上留下美好印象。幼儿园教师还可以通过精心布置环境，让幼儿感觉到家庭的温馨，比如，"娃娃家"里可以设置厨房、客厅、卧室、书房等。

2. 较强的亲和力

亲其师，则信其道。教师的亲和力，可以赢得学生的尊敬和信任，可以获得学生的宽容和理解。首先，教师要对幼儿微笑，因为人类的笑脸散发着温暖、自信、幸福、宽容等。心理学家分析，当我们看到一张笑脸时，我们的大脑神经就收到指令，指挥面部肌肉展示微笑，因此，会以微笑来回馈对方。其次，教师要以博爱的精神来对待每一名幼儿，每个孩子都是父母的宝贝，对待他们要像对待自己的孩子一样，情系幼儿，像母亲一般满腔热忱地爱每个孩子，给幼儿留下深刻的第一印象。

教师亲切、柔和的语言能让幼儿感受到母爱的气息，产生亲切感。轻柔的话语、和蔼的笑容能平复幼儿的焦虑情绪，消除幼儿的紧张感，让幼儿更快的接受老师，产生新的依恋，从而更快地融入集体生活。教师要注意不断激发自己的亲和动机，努力提高自己的亲和力，使自己真正成为幼儿信赖、敬佩、爱戴的良师益友。

3. 注意仪容仪表

仪表即一个人的外表，是给他人外在的、感官上的第一印象。幼儿园教师的仪表应举止端庄、态度诚恳、言谈文明、落落大方，应保持自然大方，不宜浓妆艳抹。仪表高雅、不落俗套是一个人良好形象的重要组成部分。在与人会见的最初 30 秒内，我们就能建立关于对方的最初印象，其中 55% 来自外貌（服装、妆容、发型），38% 来自举止（礼仪、姿态、眼神、表情）。幼儿园教师要做到穿着得体，不穿奇装异服；打扮适宜，不矫揉造作；外观整洁，不蓬头垢面；语言文雅，不粗野庸俗；行为端庄，不轻浮放纵；举止优雅，不徒有其表；表情丰富，不横眉冷对；教态自然，不故弄玄虚。整齐、合体、漂亮的服装，大方、美丽的发型，以及其他一些必要的修饰，不仅能使自己产生愉悦感，成为同事、幼儿的审美对象，同时还为美化园所、优化育人环境作了一份贡献。

二、尊重幼儿，平等相待

《幼儿园教育指导纲要（试行）》指出：幼儿园教育应尊重幼儿的人格和权利，尊重幼儿身心发展的规律和学习特点，以游戏为基本活动，保教并重，关注个别差异，促进每个幼儿富有个性的发展。尊重是对幼儿的信任，是对幼儿的鼓励。尊重和平等地对待幼儿，是幼儿园教师促进师幼关系发展的重要前提。

1. 尊重幼儿的人格

幼儿是一个独立的、发展的人，有着独立的人格。所谓人格是人作为权利、义务主体的资格。幼儿园教师应尊重幼儿的人格和尊严，不能羞辱、体罚或变相体罚他们。尊重幼儿，就要努力做到不武断地批评或否定他们的想法和做法，不能讽刺和挖苦幼儿，而是要先了解幼儿的想法，再给予必要的指导和帮助；尊重幼儿，就要放下架子、蹲下身子，耐心倾听他们讲话，在言语行为上尊重他们的情绪情感；尊重幼儿，就要尊重他们的权利，包括话语权、被保护权、一定范围内过失不受责备权等，坚决杜绝精神上的虐待。有些幼儿园教师虽然从表面看没有直接体罚幼儿，但在言语上伤害幼儿，让他们在家长和同伴面前难堪，丧失做人的尊严。

2. 尊重幼儿的个性差异

《幼儿园教育指导纲要（试行）》指出：幼儿园教育应"关注个别差异，促进每个幼儿富有个性的发展""尊重幼儿在发展水平、能力、经验、学习方式等方面的个体差异，因人施教，努力使每一个幼儿都能获得满足和成功""要为每一个儿童，包括有特殊需要的儿童提供积极的支持和帮助"。就像世界上没有完全相同的两片树叶一样，世界上同样没有完全相同的两个人。由于受遗传、环境、后天教育等因素的影响，幼儿在能力、经验、发

学习笔记

展水平等方面存在个体差异。比如，性格上有的活泼开朗，有的内向文静，有的善于表达，有的沉默寡言……因此，幼儿园教师要尊重幼儿的个体差异，有目的、有计划地认识幼儿，进行全面系统的观察，在教育过程中做个有心人，设身处地为幼儿着想，帮助每一个幼儿健康成长。

3.尊重幼儿的选择

案例导入

自选活动时间，李老师问："小朋友，你们想玩什么游戏啊？"有的说玩积木，有的说玩拼图等，东东兴奋地跳起来："我要玩奥特曼，打怪兽！"李老师瞪着东东说："就知道玩打打杀杀的游戏。"并随手拿了本图书递给他："拿着书，去好好看，比你玩那些游戏好多了。"东东失望地走到图书室，把书翻得很响以示不满，却没有认真看书。

像这种情景，在幼儿园经常出现，教师表面上给予了幼儿自由，但实际上很多幼儿不得不遵循教师的意愿去干自己不愿意干的事。幼儿园教师是幼儿的支持者、合作者和引导者，应该尊重幼儿，把自由和独立还给幼儿，让幼儿自主选择和自主探索。尊重幼儿的选择，用赞许的目光和热情的话语鼓励他们，如："这样行吗？""你喜欢吗？""我相信你！""去试试吧！"增强幼儿的自信心，促进幼儿在活动中发展，在发展中提高，在提高中成长。

三、以身示范，培养礼仪

苏联教育家马卡连柯曾对老师说："不要以为只有你们在同儿童谈话、教训他、命令他时才是教育，他们生活的每时每刻，甚至连你们不在场的时候，也是在教育儿童……"教师不仅是知识的传授者，而且是学生的模范。教育学生不能只依靠灌输、说教，还应当依靠教师身教，潜移默化。传播文明、塑造人格，是教师的神圣职责。幼儿时期的思维具有直觉行动性和具体形象性，模仿性和可塑性很强，是培养良好道德品质的关键时期。幼儿园教师应该言传身教、为人师表，培养幼儿良好的道德素养，加强幼儿文明礼仪的教育培养。

1. 多种途径教育幼儿知礼仪

当今很多幼儿都是以自我为中心，不懂得尊重长辈，缺乏良好的行为习惯。很多时候，由于幼儿的年龄和知识经验欠缺，他们根本不知道什么是对的，什么是错的。所以，幼儿园教师首先应通过多种途径让幼儿知道什么是礼仪。教师可以讲礼仪故事，比如，《孔融让梨》《李小多分果果》《玩具大家玩》等，收集"宝宝学礼仪"的儿歌，通过活动让幼儿判断好坏、是非、美丑等道德行为规则，不断提高道德礼仪认知水平。幼儿园教师也可以把礼仪内容细化到各个环节中，比如，入园时带领幼儿主动与同伴问好、和家长说再见，饭前主动洗手等，让幼儿知道生活中要注意的各种礼仪。

2. 树立榜样教幼儿学礼仪

幼儿园教师是幼儿的主要教育者和交往者。幼儿善于模仿，愿意接受好的影响，常常模仿他们心目中有威信的人的一言一行。所以，幼儿园教师是幼儿最喜欢模仿的人。幼儿园教师的日常行为、言行举止和价值选择，每时每刻都对幼儿的发展产生潜移默化的影响。

幼儿园教师的榜样应该是具体的、生动的。有人说教师的形象好比一面镜子，能折射给幼儿许多闪光的东西。例如，一次体育活动，大班的一位小朋友不小心把裤子扯破了，同伴都嘲笑他："这么大了，还穿开裆裤，真不害臊！"老师却说："没关系，这是不小心弄破的，我们不要嘲笑他。"在老师的感染下，小朋友们都改变了态度，纷纷安慰他。在日常生活中，幼儿园教师要善于抓住一切有利时机，为幼儿做好行为示范。例如，在课堂上不随便喊同事的名字，遇到同事和小朋友、家长要礼貌问好等。同样，幼儿园教师一些不良的习惯也会影响到孩子，比如，幼儿会模仿老师讽刺犯错误的同伴，幼儿会模仿老师跷二郎腿……一个教师应该时刻注意自己的言行举止，加强"身教"意识，不以自己的言行败坏自己的形象。这样，教师的"榜样"就可以在幼儿心目中得到认同和树立，并使他们如痴如醉地效仿、学习，最终达到示范、教育的目的。

3. 以身作则教幼儿讲礼仪

"其身正，不令而行；其身不正，虽令不从"，这说明身教重于言传。幼儿园教师在礼仪方面应该做到以身作则、言行一致、表里如一。作为幼

学习笔记

儿园教师，要求幼儿做到的，自己必须首先做到；要求幼儿不做的，自己必须坚决不做。不能当语言的巨人、行动的矮子，一边要求幼儿诚实守信，一边自己又不信守承诺。例如，老师带领幼儿布置室内环境时，看到孩子们很积极，老师高兴地说："下一节课我们搞评小红花活动，看哪些小朋友最能干！"可是，老师只是一时高兴说说而已，下一节课却在室外组织起了游戏活动。这使很多幼儿认为老师在"骗人"。老师的行为是无意的，但的确又是在"骗人"，这不能不影响到幼儿。在日常生活中，有的教师要求幼儿遵守很多规则，但自己却带头违反。例如，午饭时间，老师对小朋友们说吃饭的时候不能讲话，可自己却和同事聚在一起，边吃饭边讲话。这时，有小朋友开始讲话了，老师生气地说："刚才老师才强调，吃饭的时候不能讲话，你们怎么不听话呢？"小朋友立马安静下来，老师说完，又开始和同事聊天了。幼儿园教师应该处处以身作则，不管在生活中还是学习中，教会幼儿讲礼仪。

相关链接

幼儿园教师要从我做起，从自己做起，规范文明礼仪行为，做幼儿的表率与楷模。

一、穿戴打扮自然大方，忌奇装异服、标新立异。

二、仪容仪表端庄整洁，忌浓妆艳抹、不修边幅。

三、举止文明谈吐文雅，忌庸俗市侩、不拘小节。

四、教态端正精神饱满，忌夸夸其谈、萎靡不振。

五、治学严谨静思笃行，忌华而不实、心浮气躁。

六、创新教法教学相长，忌照本宣科、脱离实际。

七、规范用语规范用字，忌"土语"满堂、用词生僻。

八、诚实守信持中秉正，忌好大喜功、偏听偏信。

九、上课集会守时遵纪，忌接听电话、迟到早退。

十、爱护幼儿以情感人，忌粗暴歧视、冷言讥讽。

十一、团结友善和谐相容，忌猜疑嫉妒、无事生非。

十二、正气浩然严于律己，忌心术不正、歪门邪道。

十三、修身养德崇尚科学，忌个人主义、利令智昏。

十四、生活方式健康时尚，忌赌博吸毒、疏于健体。

选自唐志华主编：《幼儿教师礼仪基础教程》（第二版），114页，上海，复旦大学出版社，2014。

四、师幼互动，和谐交谈

师幼互动是指教师与幼儿基于生活活动、游戏活动、教学活动中的活动内容、操作材料、人际交往而引起的认知、情感以及行为上的相互作用。《幼儿园教育指导纲要（试行）》指出："关注幼儿在活动中的表现和反应，敏感地察觉他们的需要，及时以适当的方式应答，形成合作探究式的师生互动。"建构积极、有效的师幼互动是幼儿园教师当前的重要任务。

1. 创设愉快、宽松的环境，营造良好的互动氛围

在为幼儿创设愉快、宽松的整体氛围基础上，和幼儿共同创设一个丰富、能动的物质环境，并引导、鼓励他们与环境互动，促使他们在与环境的相互作用中不断发展。《幼儿园教育指导纲要（试行）》指出，"创造一个自由、宽松的语言交往环境，支持、鼓励、吸引幼儿与教师、同伴或其他人交谈……""建立良好的师生、同伴关系，让幼儿在集体生活中感到温暖，心情愉快，形成安全感、信赖感"。这说明形成安全、愉快、宽松的外部气氛是很重要的，也说明了建构积极、有效的师幼互动所必需的基本前提。

2. 树立科学的儿童观，建立平等、和谐的师幼互动

摆正对教育工作的态度，有利于教师认识和树立科学的儿童观，把建立平等、和谐的师幼关系作为开展工作的基点，更有效地启动师幼互动行为。幼儿是学习的主体，幼儿的能动的主体作用是教育取得成功的决定性因素，因此，要让孩子从心里喜欢教师，愿意同教师说心里话。在活动过程中，教师要不断地观察自己的行为与幼儿的反应之间的动态关系，借助幼儿的表现不断地调整自己的行为，并通过幼儿的反应进一步验证自己的行为，构建教师与幼儿之间信任、互动的关系。教师应把幼儿当做具有独立人格的人，爱护他们的自尊心，尊重他们的人格，这样才能建立和谐、平等、相互信赖的师幼关系，进而帮助幼儿建立安全感、归属感，促进他们与教师、与同伴正常交往，从而启动更有效、和谐的师幼互动，更有效地实现保教目标。

3. 注重幼儿情感，建构积极有效的师幼互动

"亲其师，信其道"。越来越多的研究表明，师生间的情感交流以及由

此产生的心理氛围是促进师生积极互动的必要条件。现实中，师幼互动中消极情感交流占很大的比例。幼儿阶段，行为的自制力较差，容易受到情绪情感的影响。幼儿园教师应该重视与幼儿之间积极、充分的情感交流。首先，幼儿园教师要理解和尊重幼儿。例如，在生活中，经常会听到幼儿告状，"老师，某某打人了。""老师，某某没有洗手。"这些在成人看起来有点烦躁的告状，事实上是幼儿在找机会和老师接触。在师幼互动中，教师应该站在幼儿的角度，充分理解幼儿、劝导幼儿。其次，幼儿园教师要鼓励和帮助幼儿。鼓励的内容极为广泛，对幼儿行为的肯定与赞赏就是鼓励。同时，对幼儿在活动中遇到的挫折或造成的过失要能够表示理解、支持和帮助。例如，对幼儿的每一次微小的进步，老师应对幼儿说"你真棒""真是个乖孩子"等。当幼儿遇到挫折时，老师要对幼儿说："相信自己！""加油哦！"

思考 与 练习

我们常说，幼儿园教师应该做到"蹲下来讲话，抱起来交流，牵着手教育"，请谈一谈你对这句话的理解。

学习反思 ▶▶

任务二
幼儿园教师保育礼仪

1. 知道保育工作在幼儿园工作中的重要性。
2. 知道该如何做好幼儿身心保健工作。
3. 掌握对幼儿进行安全教育的方法。

《幼儿园工作规程》指出："幼儿园是对 3 周岁以上学龄前幼儿实施保育和教育的机构。""幼儿园的任务是：贯彻国家的教育方针，按照保育与教育相结合的原则，遵循幼儿身心发展特点和规律，实施德、智、体、美等方面全面发展的教育，促进幼儿身心和谐发展。"幼儿园工作在实施教育的同时既要保证幼儿的身体健康，又要保证其心理健康，将保健和教育真正有机结合起来，充分发挥两者合二为一的作用。

学习笔记

一、勤观察，做好幼儿身心保健

当今时代是一个催人奋进的时代，希望、困惑、挑战随时随地都可能出现在每一个社会成员的面前。因此在关注幼儿智力发展的同时，幼儿的身心健康也应引起极大的重视。幼儿园教师必须把幼儿的身心健康放到首要位置。

1. 转变观念，树立科学的保育观

长期以来，人们总是以一种固有的眼光去看待幼儿园教师的工作，认

为幼儿园教师的工作就是管孩子的吃喝拉撒睡，其他工作都具有附带的性质。但随着社会的发展，保育的观念也开始发生变化，从传统的"保护身体发育"扩展到"促进幼儿个性发展和社会适应能力的提高"，从"安全保护与卫生"延伸到"实施教育过程中生理、心理和社会保健"。因此，幼儿园教师也要彻底改变传统的固有观念，与时俱进，不断提高自身的素质，做到保教并重，不仅为幼儿提供安全、健康、舒适的生活环境，更要帮助幼儿形成健康的生活习惯，养成积极的生活态度和生活方式，促进幼儿身心的和谐发展。

2. 创造良好的心理环境

幼儿园教师要发挥其在幼儿心理健康教育中的作用，必须为幼儿创设一个良好的心理环境。因此，幼儿园教师在保育过程中要重视物质环境的美观、大方、卫生和安全。如幼儿园的园舍建设应有足够的空间，满足幼儿正常的活动及起居的需要；应尽量保证幼儿园内及周围的空气清新，光线充足，无污染；园内应有足够的绿化面积，以种植花草为主、乔灌木为辅，还可结合科学常识，种植一些常见的树木和蔬菜；室内外花草树木的栽种，盆景、雕塑和画像的配置应安全合理。此外，更要加强心理环境的建设。无论是幼儿园生活环境、设施环境的布置，还是保育行为的操作，都要照顾幼儿的身心特点，为幼儿创设一个轻松、和谐、平等的心理环境。幼儿园教师应时刻意识到自身角色的特殊性，要不断改进自己的个性品质，以身作则，时刻以积极乐观的态度去关心幼儿，创设和谐的心理环境氛围。

3. 开展有利于身心健康的教育活动

幼儿期是身体发展的关键时期，身体各部位都是在此时期得到快速发展和不断完善的。幼儿园教师可以通过多种多样的健康活动促进幼儿身心健康发展，如体育游戏"小青蛙捉害虫"可使幼儿学会简单的跳跃技能，增强其腿部肌肉的力量及动作的协调性。体育活动会给幼儿身体健康发展带来非常积极的影响，同时它对幼儿心理健康发展也具有很大作用。在日常生活中，教师要指导幼儿正确洗手、穿衣等；督促幼儿保持环境的卫生整洁，培养幼儿良好的生活习惯和卫生习惯；与家长紧密联系，让家长参与到健康教育活动中来，通过家园共育，促进幼儿的身心健康发展。

有一天，小（1）班的保育员有事请假了，她的工作由小（2）班的保育员暂代。这时，小（1）班的雯雯不小心把大便拉到了裤子上，由于事情多，小（2）班的保育员对雯雯有些不耐烦，并且批评了雯雯。在一旁组织学生活动的李老师看见了这一切，但是由于小朋友们正在户外活动不得分身，只能作罢。第二天，雯雯的外婆和妈妈一起送雯雯到幼儿园，可是雯雯哭着怎么都不愿意进去。李老师看见后蹲下来问了雯雯一个问题，然后微笑着抱着雯雯亲了一下，雯雯就高高兴兴地进幼儿园了。

你知道这是为什么吗？

二、勤动手，做好幼儿安全教育

学习笔记

一项调查显示，76.6% 的幼儿有过在游戏中摔伤或碰伤的经历；66.8% 的幼儿有过从床上摔下的经历；25.8% 的幼儿有过从楼梯上摔落的经历。近来我国幼儿园连续发生恶性安全事件，幼儿安全事故频频发生，意外伤害已成为威胁幼儿生命安全和健康成长的第一杀手。《幼儿园教育指导纲要（试行）》指出："幼儿园必须把保护幼儿的生命和促进幼儿的健康放在工作的首位。""密切结合幼儿的生活进行安全、营养和保健教育，提高幼儿的自我保护意识和能力。"

1. 培养幼儿安全意识

幼儿园生活的环境虽然不能说非常复杂，但意外事故的发生却不可避免。幼儿的生活经验和社会阅历比较欠缺，但好奇心和模仿力又非常强，致使危险也常常相伴。因此，幼儿园教师有必要教给幼儿一些必要的安全防范知识，培养他们的安全意识，变消极躲避为积极预防，将各种隐患发生的可能降到最低程度。如在教育教学活动中把安全教育当做常规来抓，随时随地抓住各种机会进行教育，使幼儿具有安全第一的意识。

2. 培养幼儿自我保护的方法

授之以鱼不如授之以渔。对幼儿进行一些空洞说教产生的效果微乎其微，只有当这种意识内化为一种习惯时才能真正影响他们的行为。因此，在平常的生活中，幼儿园教师就要教育幼儿养成良好的生活习惯和行为习惯，不断学习和巩固自我保护的技能，在实践中强化安全意识和行为。如晨检时检查幼儿所带物品的安全性，发现危险物品及时进行教育并没收；户外活动时要排除一切安全隐患，观察幼儿的一言一行，教给幼儿玩游戏的正确方法；如厕时监督幼儿按顺序排便、洗手，确保幼儿的安全等。

3.进行相关的安全教育

教师要教育幼儿遵守交通规则，不在马路上停留和玩耍，过马路要走人行横道。

防止异物入体，教育孩子不随便把东西如小石头、花生粒、瓜子、小纸团等放入口腔、鼻、耳，以免发生意外。

教育大一点的孩子，使他们懂得登高的危险。教育孩子不可从高处随便跳下。教育孩子只拿力所能及的东西。

要告诫孩子，不要把铅笔、筷子、冰棍、玻璃瓶或尖锐的东西拿在手里或含在嘴里到处跑，这样容易扎伤自己。

教育孩子不要把塑料袋当做面具往头上套，以免引起窒息而死亡。教师也要尽量避免将塑料袋乱放。

在野外旅行散步时，教育孩子不要随便采摘花果、抓捕昆虫，更不应将其放入口中，预防中毒等意外事故发生。

教育孩子单独在家时听到敲门声不要开门，以防窃贼趁大人不在时闯入盗窃。

思考 与 练习

面对幼儿园中频发的安全事故，试结合案例剖析事故发生的原因，并提出防止此类事故再次发生的措施。

学习反思 ▶▶

任务三
幼儿园教师教学礼仪

学习目标

1. 了解将礼仪教育渗透在教学工作中的重要性。
2. 知道幼儿园教师应具备的心理素质，并努力进行自我培养和训练。
3. 知道幼儿园教师要时刻重视语言表达时的礼仪规范。

教学是一门艺术，交往也是一门艺术，一位优秀的幼儿园教师必然要娴熟地掌握这两门艺术。提高自身素养，培养良好修养，具备文明礼仪素养，是新时代赋予幼儿园教师的任务。

一、良好的心理素质是教育教学活动的基础

学习笔记

幼儿教育是基础教育的第一阶段，幼儿园教师是幼儿身心发展中的"重要人物"，是幼儿情感发展和心理健康的重要促进者，幼儿园教师的心理健康水平直接或间接地影响幼儿的心理发展和行为。随着改革开放的进一步推进，社会竞争不断加剧，生活节奏越来越快，人际关系也更为复杂。幼儿园教师在多种挑战下的心理压力不断增大，心理问题日渐增多。有报告显示，幼儿园教师的心理健康存在很多问题。如国家中小学心理健康教育课题组曾对某省 14 个城市的 167 所城乡学校的 229 名教师进行调查，检测发现 51.12% 的教师存在心理问题，其中 32.18% 属轻度心理障碍，16.15% 属中度心理障碍，2.49% 已构成心理疾病。一些研究发现教师的主要心理问题是强迫症，存在人际关系敏感、抑郁、焦虑、恐怖等精神障碍。幼儿

园教师必须不断提高自身的心理素质，才能适应教育发展的需要。

1. 健全的人格

乌申斯基说过，"在教育工作中，一切都应以教师的人格为依据，因为，教育力量只能从人格的活的源泉中产生出来。任何规章制度，任何人为的机关，无论设想得如何巧妙，都不能代替教育事业中教师人格的作用"。在幼儿教育过程中，教师的人格以其真实内在的自我品质和精神面貌呈现在幼儿面前，始终潜移默化地影响、吸引和塑造着幼儿，发挥着至关重要的教育影响力。

幼儿园教师的人格将影响幼儿的心理发展，在幼儿人格萌芽、形成和逐步发展的整个过程中，教师人格始终是一种"无言之教"。幼儿园教师要始终做到以德为本，注重个人修养，做到遵守时间，信守诺言，不迟到、不早退，准时组织活动，不随便找借口毁约、违约；尊重为先，交往有度，善于合作，彼此双赢；多体谅他人、容忍他人、理解他人，学会为他人着想、善解人意，择善而从，多赞美、少嫉妒，注重沟通交流。

2. 具有事业心和爱心

夸美纽斯说："教师是太阳底下最光荣的职业。"首先，幼儿园教师要有高度的事业心，无论工作顺利或受挫，都能矢志不渝地坚守岗位，站在非功利的角度，以对教育事业和学生的热爱来对待自己的职业，献身于幼教事业。其次，幼儿园教师要有爱心。幼儿年龄小，他们有特定年龄阶段的生理和心理特点，犯点小错在所难免。作为老师应该亲近他们、爱护他们、引导他们，耐心培养他们的行为习惯，而不应该态度粗暴、生硬。以平常心、宽容心对待幼儿，绝不能给幼儿身心发展造成伤害。幼儿园教师要爱幼儿，因为爱是一切善良、崇高、力量、温暖、快乐的创造者。教师的爱心对幼儿良好个性的形成和德、智、体、美各方面的发展都起着重要的作用。

3. 适当调节压力矛盾

幼儿园教师面临很多方面的压力：上级部门的检查、同行之间的竞争、幼儿保教新课题的挑战、家长的抱怨、幼儿的安全问题，还有教师自身以及家庭问题的困扰……面对诸多压力，幼儿园教师要适当调节压力矛盾，通过一系列方法来排解压力。常言道：怒伤肝。愤怒的情绪需要适当宣泄。幼儿园教师适当宣泄愤怒情绪的途径与方式有很多，比如，舞蹈健身、歌咏竞赛、休闲郊游，也可以和孩子们一起快乐游戏等。只要愤怒的情绪宣泄出去，人的理智就会重新"回家"。当然，将愤怒的情绪迁移到孩子或家人身上，或是转移成躯体症状，"破罐子破摔"，伤人毁物，是不可取的。只宣泄压力是不够的，还要成功应对压力。应对压力的能力的获得不是一蹴而就的，需要反复训练与实践。幼儿园教师应当把寻求成功感作为应对压力的关键点来实践，要培养自己对幼教工作的兴趣与热爱，通过学习系统掌握幼教技能与技巧。要树立成功的"必胜"心态，而不是"避败"心态。应善于把握他人和自己，富有同情心，具备温暖、尊重他人的优秀品格，面对压力与挫折时能适时调整自己。

4. 保持乐观的心态

美国著名学者拿破仑·希尔在《成功学》一书中讲述了这样一个故事：两个欧洲商人到非洲去推销皮鞋，甲商人到非洲后，看到由于天气炎热，非洲人习惯打赤脚，非常失望，长叹一声："非洲人都打赤脚，怎么会买皮鞋穿呢？"于是，放弃了推销计划，沮丧而归。乙商人到非洲后，看到非洲人都打赤脚，高兴万分，惊呼："非洲人都没有穿鞋，这市场好大啊！"于是，乙商人在非洲安营扎寨，大做皮鞋广告宣传，引导非洲人买皮鞋、穿皮鞋，最后凯旋。同样是非洲市场，同样面对习惯打赤脚的非洲人，为什么甲商人失败、乙商人成功呢？从表面上看，他们只是一念之差，但实质上，是这两个商人有着消极心态和积极心态的本质差别，从而导致经商的结果不同。

有人说，成功始于意念，心态决定命运。保持乐观、积极的心态，做事就会信心百倍、乐在其中，即使失败也会笑对人生。反之，带着消极悲观的情绪做事，时时处处都会感觉不顺心，还没被困难击垮，自己早已把自己给击垮了。作为幼儿园教师，要保持积极乐观的心态，才有可能在生活与工作中笑口常开，在实践礼仪时给他人带来发自内心的愉悦，在相互交往中感受生命的价值。

二、适宜的教师语言是开展教育教学活动的重要工具

语言是教师传道、授业、解惑以及与学生交流、联络感情的重要工具。

学习笔记

幼儿园教师的语言魅力就在于，它是与幼儿相互沟通的桥梁，也是幼儿进入知识海洋的一把钥匙。

幼儿园教师语言应规范，发音纯正、语句清晰；幼儿园教师语言应形象、生动、活泼；幼儿园教师语言应用词准确，力求简单明了。

幼儿园教师语言忌人身攻击，如"你真笨"，这会极大地伤害幼儿的自尊心。忌威胁恐吓，如"谁不听话，就让大灰狼来吃了他"，这类虚张声势的威吓会让孩子丧失对老师的信任。

教师无论是在教育教学活动中还是在社交场合，均须讲究礼仪，做文明交往的使者，时时刻刻注意语言表达的礼仪规范。这部分内容在模块四中已详细阐述，在此不一一赘述。

思考 与 练习

你认为幼儿园教师应该具备哪些良好的心理素质。

学习反思 ▶▶

任务四
幼儿园教师在幼儿一日活动中的礼仪要求

学习目标

1. 知道幼儿礼仪的养成是通过幼儿园一日生活来实现的 。
2. 掌握并学会运用在教学活动中贯穿礼仪教育的方法。
3. 知道如何在游戏及日常生活中渗透礼仪教育。

《幼儿园教育指导纲要（试行）》明确规定，品德教育应以情感教育和培养良好的行为习惯为主，注意潜移默化，并贯穿于幼儿生活及各项活动中。把幼儿礼仪教育纳入幼儿园思想品德教育之中，既能促进幼儿形成优秀的道德修养，倡导文明行为，又可塑造出幼儿良好的性格。幼儿礼仪的养成是通过幼儿园一日生活中的教育活动来实施的，礼仪蕴藏于幼儿生活的方方面面，不是一个活动就能见效的，需要长期的培养和不断提高。因此，幼儿园教师要以高素质的内在素养和外在素养影响、教育幼儿，将礼仪行为养成内容渗透到幼儿的一日活动中，寓礼仪教育于教学活动、游戏活动和生活活动。

学习笔记

一、在教学活动中贯穿礼仪教育

幼儿礼仪教育是一种有目的、有计划地对幼儿实施素质教育的综合活动。将幼儿礼仪教育纳入幼儿教育课程中，旨在将幼儿礼仪教育作为一种有目的、有计划地实施幼儿素质启蒙教育的手段。

例如，某幼儿园中班举行礼仪活动"向别人借物品时的礼仪需求"。教师把"向他人借物首先要征得他人同意，用完后要及时归还，并致谢"这一礼仪内容编成了儿歌的形式。教学活动共分为三个环节进行。

第一环节：教授儿歌。教师边教授儿歌，边使幼儿理解、掌握向他人借物的方法："借人物，需明求"。

第二环节：借笔。幼儿掌握儿歌以后，教师便引导幼儿用绘画的形式把自己理解的内容画下来。在这一环节，教师设计了一个很聪明的教学手法：幼儿画桌上只有白纸，没有画笔，必须向旁边听课的教师去借。于是刚学会并理解的内容，幼儿紧接着去体验。

第三环节：幼儿绘画。当幼儿借到了画笔开始作画时，教师则一边播放轻音乐，轻声朗诵"借人物，需明求"，一边引导幼儿绘画，真是巧妙绝伦。

在实施礼仪养成教育的过程中，应将礼仪教育渗透到各个领域中，使幼儿时时刻刻受到良好行为习惯的熏陶。例如，社会活动"做个好孩子"，通过日常生活中的正反事例，教育幼儿养成良好的行为习惯；健康活动中，组织幼儿一起创编体育活动"争夺礼仪红旗"；美术活动中，向别人借工具用时，要和别人说"请""谢谢"。总之，幼儿园教师要将礼仪教育渗透到各个领域中，促进幼儿全面和谐地发展。

二、在游戏中融入礼仪教育

著名教育家杜威说，幼儿阶段"生活即游戏，游戏即生活"。游戏是幼儿的基本活动，在游戏中，幼儿不仅需要克服困难，还需要与他人合作共享成功的乐趣，这时对幼儿进行礼仪教育能获得最佳效果。教师在指导幼儿游戏时，根据幼儿行为品质形成的发展特点，充分调动幼儿游戏的主动性、积极性、创造性。教师可以用移情的教学策略，力图让幼儿将自身投射到他人的心理活动中，分享他人的情感。

相 关 链 接

小太阳幼儿园中一班区角活动观察记录

记录人：中一班班主任老师　　吴婷

观察对象：青青　　　　年龄：四岁半　　　　性别：女

所在区角：娃娃家

观察时间：2016 年 11 月 2 日下午 3 时 10 分

观察情况：

娃娃家有布娃娃、小兔、小狗等玩具。青青走进娃娃家，拿起小狗摸了摸，又抱起布娃娃亲了亲，然后拿起小碗开始喂布娃娃吃东西，边喂边说："吃，吃，快点吃。"喂了一会儿，又把布娃娃放在床上拍了拍，嘴里说道："睡觉，快点睡。"突然她把布娃娃往地上一摔，嘴里说道："你不乖，叫你睡，你为什么不睡？"

评价分析：

青青是个情绪化的孩子，她与你亲近、打招呼的方式是推你一下或拍你一下。她妈妈忙着做生意，和她交谈、玩耍的时间很少，她缺乏与人相处的正确方法。

介入策略：

1. 教师进入角色，教青青如何去哄布娃娃睡觉。

2. 每天午睡时，教师多陪她、拍她，让她感觉到妈妈的温暖。

3. 多引导同伴和她相处，让她学会与他人交往。

4. 和家长沟通，请她妈妈尽量抽时间陪陪她。

实施成效：

经过几天的安抚，青青明显地和同伴相处得和谐了许多。我和家长也取得了联系，建议每天尽量能抽时间来接送孩子，这样可以给她更多的关爱。

选自李显仁主编：《幼儿教师礼仪（修订版）》，92 页，长沙，湖南大学出版社，2012。

三、在日常生活中渗透礼仪教育

🖋 学习笔记

幼儿园一日生活为幼儿提供了很多社会性的礼仪行为发展的契机，幼儿只有在社会生活中才能积累社会经验，学习怎样做人、怎样生活。生活活动是指满足幼儿基本生活需要的活动，主要包括进餐、睡眠和盥洗等活动。幼儿礼仪教育要从幼儿一日活动的各个环节抓起，幼儿园教师要对每个环节的行为提出具体的要求，把礼仪内容细化到各环节中。例如入园时，幼儿应主动向园长、老师和同伴问好："某某，早上好。"教师应亲切接待每一位家长和幼儿，对幼儿的问候给予热情的回应："某某小朋友，早上好！"进餐时，教师要提醒幼儿洗手，做到文明进餐，并观察幼儿的餐后行动，对幼儿的不良行为及时纠正。

总之，幼儿园教师只有将礼仪教育渗透于幼儿的日常生活中，让幼儿在生活中积累社会经验，才能养成良好的礼仪行为。

幼儿一日活动各环节的礼仪目标及教师礼仪要求

环节名称	幼儿礼仪目标	教师礼仪要求
入园	能高高兴兴来园，见到老师会问好。	早晨，教师应提前到园，做到衣着整洁、大方，在活动室门口笑脸恭候每一位幼儿和家长；幼儿问早，教师应回礼。
晨间活动	愿意参加活动，能与同伴一起玩。	……
早操	能情绪愉快地边听音乐边跟随老师做动作。	……
早餐	能喝完自己的一份牛奶，并学习将牛奶袋（盒）扔入垃圾桶。	用餐时，教师要给予悉心的照顾。
上课	能专心倾听，敢于在大家面前大胆发言。	上课时，教师的目光要柔和、亲切、有神，教师的动作、声音、表情要恰如其分，给幼儿一个完美的形象。
休息	离开位置时能将小椅子放好，及时小便、喝水，不在室内奔跑。	……
户外活动	在规定范围内活动，按正确方法玩玩具，并学习、遵守游戏规则。	……
盥洗	自己洗手，不玩水，洗完后能及时关好水龙头。	……
饭前活动	在位置上安静活动。	……
午餐	安静地进餐，能吃完自己的一份饭菜，不挑食，饭后会洗手，用小毛巾擦手擦脸。	用餐时，教师要给予悉心的照顾。
饭后活动	在指定的区域安静地活动。	……
午睡	睡前及时如厕，能在老师的帮助下脱掉外套和鞋子，并摆放在指定的地方，安静地入睡。	……
起床	在老师的帮助下，穿好外套和鞋子，同伴之间能互相帮助，能听音乐跟随老师做动作。	……
午间操	能听音乐有精神地活动。	……
午点	洗净手，在位置上安静地及时吃完自己的一份点心。	用餐时，教师要给予悉心的照顾。
游戏活动	能愉快地参加游戏活动并遵守游戏规则，在活动中能互相合作、互相帮助。	游戏时教师要成为幼儿的伙伴；幼儿犯错误时要正面引导教育，不要大声训斥及变相体罚。
离园活动	在自己位置上活动，等待家长来接，情绪愉快地与老师再见。	……

思考 与 练习

如何将礼仪教育贯穿于幼儿的一日活动中？请举例说明。

⌖ 学习反思 ▶▶

模块六

见习、实习礼仪和求职礼仪

$\vdots$

以责领航，育梦童行

党的二十大精神强调教育的重要性，教育家精神则为教育工作者提供了行动标杆。

见习和实习中，要秉持乐教爱生、甘于奉献的仁爱之心。做到"三礼"：仪容整洁显师德，以亲和着装传递教育温度；言行得体彰素养，用规范普通话和童趣化表达践行育人使命；与家长沟通时，注意语言礼仪，耐心倾听、礼貌回复，体现启智润心、因材施教的育人智慧，以实际行动践行相关精神。

求职时，要展现出心有大我、至诚报国的理想信念。坚持"三重"：简历突显立德树人实践经历，面试展现在专业领域的创新思考；职业规划紧扣"幼有优育"目标，以"四有"好老师标准诠释教育初心。通过内外兼修的礼仪实践，将教育家精神融入实践，为培育时代新人筑牢根基。

学习导航

模块六　见习、实习礼仪和求职礼仪
- 任务一　见习、实习礼仪
- 任务二　求职礼仪

任务一
见习、实习礼仪

学习目标

1. 掌握见习生、实习生个人礼仪的具体要求。
2. 掌握见习生、实习生言谈礼仪的具体要求。
3. 了解见习生、实习生交往和结束礼仪的具体要求。

案例导入

　　王雪儿是幼儿园的一名实习生，一次在组织幼儿户外活动时，一名小朋友不小心摔倒了，膝盖蹭破了皮。王雪儿见状上前把小朋友扶起，马上向带班老师汇报。带班老师查看过伤口后，让王雪儿把小朋友送到医务室，让医护人员帮她搽药，贴上创可贴。午睡后，王雪儿关切地询问小朋友的情况。离园后，王雪儿很抱歉地向家长说明白天在幼儿园发生的事情。"今天真是对不起，由于我们照顾不周，让孩子受伤了。这是创可贴，明天请您给她换上好吗？"王雪儿真诚的态度取得了家长的谅解。

　　李萌到一家大型外企办的幼儿园应聘，已经通过了初试、笔试等环节，只要复试一过，就能获得这份工作了。到了复试这一天，幼儿园的园长、有关负责人和面试考官都准时到了，谁知李萌却迟到了三分钟。结果李萌失掉了这次宝贵的机会。

　　想一想：

　　1. 王雪儿的处理方式是否妥当？为什么？

　　2. 李萌为什么会失掉面试的机会？

学习笔记

见习、实习是幼儿师范生走向工作岗位前提高职业道德、将知识转化为能力和培养社会交往能力的学习过程，尤其在实习期间，是幼儿师范生学习基本技能的关键环节。

见习包括保育见习和教育见习，时间是一至两周。实习主要是指毕业实习，时间是一个月左右。在见习期间，幼儿师范生要清楚自己的身份：你是一名见习生。你的任务就是按照学校的见习要求，用心观察幼儿一日活动几大环节中的保育工作的内容和方法，学习指导老师是如何对幼儿开展教育活动的，同时做好相关的记录。在此期间，幼儿师范生不可以组织幼儿开展任何形式的活动，也不能干涉保育员和指导老师的工作。

在实习期间，你只是一名"准老师"，还不是一名正式的幼儿园教师，不能擅作主张组织幼儿开展各类活动或处理幼儿突发的意外事故。如果要开展活动，要征得指导老师的同意，并且在他们的协助下开展。如果幼儿发生任何事故，要第一时间向指导老师和幼儿园负责人汇报，由他们来处理，自己不能私自处理。处理不当的话，会影响到学校与实习园的关系及今后的实习工作，同时也会影响幼儿园与家长的关系。

无论是见习还是实习，幼儿师范生都要礼貌待人、谦虚好学、举止大方、为人师表。

一、见习生、实习生个人礼仪的具体要求

幼儿园教师是幼儿灵魂的塑造者，教师的言谈、举止、仪表、气质、待人接物的方式都是幼儿学习的榜样。教师的一举一动、一言一行、每一个面部表情、每一行为……都会处于幼儿敏锐的注意之中，成为幼儿的行为准则，直接影响到幼儿的成长。尤其是实习期，幼儿师范生在实习园的时间至少有一个月左右，有更多的机会与幼儿接触。虽然是实习生，但在幼儿心目中已是老师，所以，见习生、实习生除了要严格遵守见习、实习的工作要求外，还要注意个人的仪表仪容和仪态举止，给见习、实习单位留下好的印象，给幼儿树立学习的榜样，也为学校今后的见习、实习工作打下良好基础。

1. 见习生、实习生仪表仪容的具体要求

作为学前教育专业的见习生、实习生，要做到举止大方，态度诚恳，待人亲切，彬彬有礼，着装整洁。

（1）着装自然朴素。

俗语说得好，"唱什么戏，穿什么行头"。在见习、实习期间，着装要自然、大方、朴素、干净、整洁、有朝气。同时，作为一名实习老师，着装要为人师表，显示出良好的知识素养和严谨的生活态度。见习生、实习生要注意以下几点。

第一，不要衣着稀奇古怪，忌穿露脐装、露背装、无袖衣裙、低腰裤、紧身衣等性感服装。

第二，不要衣冠不整、不修边幅，不要穿拖鞋。

第三，不要浓妆艳抹。

第四，不要戴戒指等饰物。

（2）注意个人卫生。

见习生、实习生要注意做好个人卫生，保持面部、手部和头部的清洁。勤洗脸、洗脚、洗头、洗澡，保证身体无异味；早晚及饭后要刷牙；指甲要修理干净，不要留长指甲，不要在指甲缝里藏有污垢，不要涂染指甲油，头发要梳理整齐、展示青春活力，不要染发、烫发或披头散发，留长头发的女生要把头发束好，前额的刘海不要遮住眉毛；男生不要留长发，胡子要刮干净，不要抽烟喝酒。

（3）待人亲切有礼。

见习生、实习生在见习、实习期间既是学生又是"老师"，不仅要与实习园领导、指导老师、幼儿打交道，还要与幼儿的家长打交道。见习生、实习生要注意自己的角色，态度诚恳，尊重见习园、实习园的领导和教职员工，见面时热情主动问候，待人亲切有礼，工作认真负责，做到早到晚走和"手勤、腿勤、眼勤"，虚心接受实习园领导、指导老师、家长的意见。尊重家长，热情周到地接待家长，不要与家长发生矛盾冲突。对待幼儿要耐心细心和有爱心，要有高度的责任心和事业心，要善于倾听，学会控制好自己的感情和情绪，不要向幼儿乱发脾气。

（4）注重细节。

对于一些小问题，不要认为是"细枝末节"就掉以轻心。

不要在人前"打扫个人卫生"，如剔牙齿、掏鼻孔、挖耳屎、搓泥垢等。

学习笔记

与人谈话时要保持一定的距离，不要对人口沫横飞，声音不要太大或太细。

与人交谈时，不要在牙缝中夹带食物残渣，不要有葱、蒜等食物的气味。

身体有异味要勤洗澡和勤换衣服，要及时治疗或使用药水。

不要随意翻阅别人的资料或文件。

不要随便拿幼儿的食物或接受幼儿的物品。

2. 见习生、实习生仪态举止具体要求

我们在前面的模块学习过，仪态就是人的身体姿态，包括人的站姿、坐姿、走姿、表情以及身体展示的各种动作。在见习、实习过程中，见习生、实习生要时刻提醒自己，注意自己的行为举止，要为人师表，克服平时的一些不良习惯，展示自己良好的仪态。

在见习、实习期间，如果是坐着听课，要注意正确的坐姿；如果是站着听课（例如户外的活动课），要注意正确的站姿。

实习生在实习上课时，应站着讲课，要站稳站直，挺胸抬头，不要耸肩或过于昂头；目光要柔和、亲切、有神，给幼儿以平和、易接近的感觉；声音要温柔、适中，要耐心细致地倾听幼儿的回答，必要时可蹲在幼儿的身旁，抚摸幼儿的头，拍拍幼儿的手或肩膀，给予鼓励。当说话被幼儿打断，不能责备或体罚幼儿，也不能用不屑的目光或冷漠待之，学会采用一些合适的方式或小组活动让幼儿重新集中精神听课；当出现突发事情打断讲课时，如幼儿突然尿湿裤子，实习生要保持冷静，在指导老师的帮助下妥善处理事情，事后要进行自我批评与反思，找出事情发生的原因与解决问题的方法，避免类似问题再出现；同时，对当事的幼儿要加以关怀，不能嘲笑或责骂，以免伤害幼儿的自尊心。当需要用手势或教具来增强上课效果时，手势要得体、自然，出示教具要自然、要随相关内容进行；不要用教具或物品敲击讲台，提问时不能直接用手指指幼儿，而应用手掌作"请"状。在行进期间，步幅不宜过大过急。在整个上课期间，实习生都应面带微笑。

二、见习生、实习生言谈礼仪的具体要求

"好言一语暖三冬，恶语伤人六月寒"，合适的言语表达能够增进了

解、加深友谊，进一步加强我们的人际交往。在见习、实习活动中，见习生、实习生不一定都要伶牙俐齿、妙语连珠，但是要求具有清晰的语言表达能力和良好的逻辑思维能力，在交谈中有个人的风格，并能以礼待人。

1. 礼貌言谈

无论是与园长、指导老师、家长、幼儿还是见习生、实习生之间进行交谈时，都应使用礼貌用语，态度要真诚热情、不卑不亢，语言要规范、准确、得体。"您好""请""谢谢""麻烦""对不起""再见"等礼貌用语要常挂嘴边。

在见习、实习的日常工作中，相互见面，应礼貌地互道"您好"或"你好"；需要其他见习生、实习生或指导老师协助时，要用"请""麻烦""劳驾"；对同伴或指导老师提供的帮助和方便，要用"谢谢""给您添麻烦了"；打扰或妨碍了他人时，要及时真诚地说声"对不起""请原谅""请多包涵"；接受吩咐时说"好的，我听明白了""清楚了，请您放心"；有同行或领导来园参观时，要说"欢迎"；有求于指导老师或同伴解答要用"请问"等。

早上，负责值班的见习生、实习生要准时到园，在园门口接待幼儿与家长。见到幼儿和家长，要亲切地说"早上好"。下午，与家长和幼儿告别时要亲切地说"再见"或"明天见"。见习生、实习生要时刻注意自己的言谈，给幼儿树立学习的榜样。

2. 注意称谓

见习生、实习生要尽快记住园长、指导老师的姓名。在与园长、指导老师的第一次见面会上，就要用心记住园长、指导老师的姓名。见到园长、指导老师时，要以职务称谓称呼，要分别说"某园长好""某老师好"，不能笼统地说"老师好"；幼儿园的保育员或其他工作人员可以称呼为"阿姨"或"叔叔"；使用代称时，应使用"您"字，特别是对幼儿园园长、年长的幼儿园老师和家长。不能给幼儿园园长、指导老师以及工作人员起绰号。

见习生、实习生要在最短的时间内记住带班幼儿的姓名。对幼儿，可以称"某某某小朋友，你好"或"某某某，你好"；对幼儿的称呼要近乎、热乎，尽可能用"我们……"，少用"你们……"；对幼儿的家长，可以称

"某某某小朋友的家长，您好"或"叔叔（阿姨），您好"。不能用有损幼儿形象的绰号称呼幼儿。

见习生、实习生之间要相互理解，以礼相待。见习生、实习生之间也要以"老师"相称，尤其是在幼儿面前，既可以给幼儿树立文明有礼的榜样，有利于培养幼儿的文明礼貌习惯，也有利于在幼儿中树立威信。

3. 注意小节

称谓要注意场合，如在上课期间，实习生之间不能互叫绰号。

不要在别人背后说三道四。

不要言而无信或轻易许下诺言。

不要使用粗言污语。

不要大声喧哗。

三、见习生、实习生交往礼仪的具体要求

见习生、实习生要注意见习、实习期间交往中的礼貌、礼节，以赢得大家的好感和支持，顺利地开展见习、实习工作。

1. 与见习、实习园园长的交往

主动礼貌地与园长打招呼。见到园长，见习生、实习生都应停下手中的事情，双手自然下垂站好，面带微笑，礼貌地与园长打招呼"园长，您好"。

虚心接受园长的指导。园长提出有关见习、实习工作的意见或建议时，见习生、实习生要虚心接受，并在工作中有所体现。

尊重园长的工作。见习生、实习生要尽量少打扰园长的工作。没有得到园长的允许，见习生、实习生不能擅自进入园长的办公室，也不能私自使用幼儿园的物品；遇到问题可直接向指导老师反映、请教，除非是非常重要的事或是见习生、实习生本人的事要找园长，一般不宜打扰园长。约见园长需要注意以下几点。

第一，要提前与园长约定好时间，以免太突然而使园长措手不及或打乱园长的工作安排。预约时间时，说话要婉转、自然、真诚，使用商量式的语气。第二，要选择好见面的时间。一般来说，周一和周五这两天幼儿园工作较繁忙，除非是有特别要紧的事，一般要避开这两天找园长。第三，

要按时赴约。约好时间后不能失约，要按时到达园长的办公室，不要迟到或早到。如果有特殊原因不能准时到达，要及时向园长说明并表示歉意。第四，要有礼貌地进入园长办公室。到达园长办公室门口，要整理好自己的头发和服装，然后轻轻敲门，得到允许后才能推门进入。进门后，不要马上找椅子坐下，得到允许后才可以在适当的位置坐下。第五，要直入话题。在赴约前，要把事情考虑好，如想说什么、怎么样说等。坐下后直奔主题，简明扼要地把事情说清楚，尽量少说或不说客套话。得到答复后就应及时告辞，以免影响园长的工作。第六，礼貌地告辞。对园长的热情接待和帮助要表示感谢。离开时，要轻轻把门关上。

2. 与见习、实习园指导老师的交往

尊重指导老师。指导老师是见习生、实习生的师傅，见习生、实习生不仅要服从本校的带队指导老师，帮助老师开展工作，更要尊重见习、实习园的指导老师。在见习、实习期间，见习、实习园的指导老师与见习生、实习生接触最多，尤其是实习期间，指导老师更是言传身教，手把手地向实习生传授有关幼儿教育教学的各种技能技巧。不要以貌取人或以年龄取人，无论指导老师的学历、相貌、年龄如何，都要以诚相见、以礼相待。不要在指导老师背后或在幼儿面前评论指导老师。在见习、实习期间受到表扬时，应感谢指导老师的悉心指导。

见习生、实习生要主动、虚心地向师傅学习。在见习、实习过程中，指导老师都会对见习、实习的工作给见习生、实习生做详细的讲解与示范。见习生、实习生不仅要用心听讲、做好记录，还要用眼观察、用心体会、细细理解，学习他们丰富的教学经验、一丝不苟的敬业精神和优点。不要自以为是，目中无人，我行我素，懒懒散散，马虎应付。不是见习、实习工作范围内的事情，不要"多管闲事"，不要去打听对方的学历、家庭等。

主动积极配合指导老师的工作。在观摩听课期间，见习生、实习生要做好"二传手"，如帮指导老师制作上课用的教具，早餐时帮忙分派餐具或组织好幼儿等。同时，见习生、实习生自己要做好听课记录，有不明白的地方在课余时间要大胆向指导老师请教，不要不懂装懂。在向指导老师请教时，要注意自己的说话方式、口气和请教的时间与场所。学习上的交流与讨论是必要的，但不能唯师是从，可以提出自己的见解，同样也要注

学习笔记

意说话的口气。多运用商量式的说法，如"我觉得这个问题这样处理，是不是可以呢？"

在实习上课期间，实习生要提前写好教案和做好教具，准时送给指导老师审阅，并按照指导老师的意见进行修改，修改后再送给指导老师审阅，不要怕麻烦。在正式上课前，要进行试讲，要邀请指导老师和同组的实习生一同听课，试讲后要及时根据老师和同学的意见进行修改、熟悉。上完课，实习生要主动征求大家的意见，恳请大家给予指导，不断地提高自己的水平。实习生要组织幼儿开展活动，一定要征求指导老师的意见和建议，并得到他们的同意。不可以私自组织幼儿活动。上完课，如果指导老师需要教具，实习生应大方地把教具留给幼儿园。

3. 见习生、实习生之间的交往

学会与人交往、与人合作是非常重要的事情。要认识到见习、实习是一次难得的学习机会。见习生、实习生之间要相互帮助、相互关心、取长补短、共同进步，要以诚相待，要有宽容包涵之心，要有集体的观念，尤其是与其他见习、实习学校的不熟悉的见习生、实习生，不能互相欺生，也不要互相唱对台戏或嘲笑同学；遇到问题时，大家要齐心协力、共同解决；要相互听课评课。在见习、实习期间，不要只是和自己熟悉的同学在一起，而孤立其他见习生、实习生。如果是住在幼儿园的宿舍，要自觉地把宿舍卫生打扫干净，不要随便拿用别人的物品。

4. 与幼儿及幼儿家长的交往

"教师无小节"，从进入见习、实习园的第一天开始，见习生、实习生就要注意自己的形象、言行、举止，要有老师的模样。在与幼儿交往的过程中，亦师亦友、宽严结合，对幼儿要真诚、耐心、细致、有爱心、一视同仁；使用儿童式的语言，亲切地与幼儿打招呼、交谈，不要板着脸；尊重幼儿的选择与意见，多称赞和表扬幼儿；对幼儿的"过错"，要讲究教育的艺术，保护幼儿的好奇心和自信心。在生活中，要关心幼儿，以大哥哥大姐姐的姿态呵护幼儿，适时提醒他们要注意的事项；照顾个别幼儿的特殊需要。在活动中，要和幼儿一起无拘无束地玩耍，引导教授他们相应的活动技能技巧及与人相处的方式方法。注意不要随意给幼儿起绰号或叫他们的绰号，不要厚此薄彼，不能大声斥责、体罚或冷落幼儿。

见习生、实习生要热情、有礼貌地与家长打招呼，虚心听取和接受家长的意见，如实、婉转地向家长反映幼儿在园的情况。当家长有情绪或意见时，见习生、实习生不要顶撞家长、与家长产生矛盾，或擅自做主处理问题，应该把问题交给指导老师或幼儿园领导去解决。

四、见习、实习结束时的礼仪

1. 提前告知园方见习、实习工作结束的时间

当见习、实习工作快要结束时，见习生、实习生要提早两三天告诉实习园领导和指导老师离园的具体时间，让见习、实习园做好各项工作的安排，使正常的教学活动不受影响，同时能安排好时间组织召开欢送会。

2. 做好离园前的各项工作

在离开见习、实习园前，见习生、实习生要清理好自己借用的见习、实习园或指导老师的有关资料或物品，并将有关的费用结算清楚。把宿舍和办公室的卫生打扫干净，物品放到原来的位置。写好见习、实习的工作总结，填写好有关的表格。

3. 与指导老师告别

请指导老师写好见习、实习工作的评定意见和成绩，悉心听取他们的意见或建议，感谢他们在见习、实习期间的真诚帮助。如果条件允许，可以向指导老师赠送小小的纪念品，以表示感谢。

4. 与幼儿告别

安慰幼儿的情绪，与他们一起合影留念，鼓励幼儿好好学习。可以让幼儿在留言本留言、画画，也可以制作一些小玩具等，与幼儿交换礼物以作纪念。

5. 召开欢送会

见习生、实习生可以在指导老师的帮助下在见习、实习班级开欢送会，也可以组织有见习、实习园的领导、全体指导老师参加的欢送会。无论哪一种情况，见习生、实习生都要对见习、实习园提供的见习、实习机会表示真挚的感谢。

6. 写感谢信

见习生、实习生最好能写一封情真意切的感谢信，在正式离园前一天，张贴在见习、实习园的板报栏，再次对见习、实习园的大力支持表示感谢。

7. 安静离园

见习生、实习生离园时，尽可能避开幼儿上课的时间，不要影响幼儿园正常的教学活动，以免对幼儿的情绪造成影响。

思考 与 练习

1. 在你所见习的班上，有一个幼儿在午睡时尿床了，你该怎么办？

2. 在实习期间，家长误认为你对其孩子进行了体罚，你会怎么办呢？

◉ 学习反思 ▶▶

任务二
求职礼仪

学习目标

1. 了解求职面试中礼仪的重要性。
2. 掌握在求职前、面试中、面试后所需的基本礼仪。
3. 学会将各项礼仪运用到求职面试中。

扫码观看
制作求职简历

学习笔记

求职礼仪是公共礼仪的一种，是求职者整体素质的重要表现，是求职者在求职过程中与招聘单位接待者接触时应具有的礼貌行为和规范，主要是通过求职者的应聘材料、仪容仪表、言谈举止、应答与才艺表演等方面体现其内在的素质。作为一名学前教育专业的毕业生，除必要的专业素养外，还必须掌握一些求职的礼仪惯例和技巧。

一、求职前的礼仪

1.思想上要重视，树立信心

对于求职应聘，任何一个毕业生在思想上都应该高度重视，树立信心。第一，要充分认识自己。分析自己具有哪些方面的优势、专长，注意扬长避短，保持积极、向上、乐观的态度，相信自己。第二，分析同学的情况，"知己知彼，避其锋芒"。就像田忌和齐王赛马一样，以自己的优势去与同学的较弱项相比，不要大家都朝一个用人单位挤，选择最能体现自己专长

的单位，那么获得职位的机会就会增加。第三，要认真分析用人单位的情况，如用人单位的规模和属性、招聘的职位要求、工资待遇等，尤其是对职业能力的要求。毕业生要用心分析，以求找到自己心仪的将要应聘的幼儿园。这样可以做到心中有数，在面试过程中可以加深对用人单位的了解，同时也容易受到用人单位领导的青睐。对用人单位的基本情况，可以通过本校的毕业生就业指导机构或是用人单位的宣传资料了解，或在网上收集，或者通过学友、老乡等方面的关系获得。

2. 材料要充分准备

（1）毕业生就业推荐表。

毕业生就业推荐表是学校为毕业生统一制作的具有权威性的求职面试材料。推荐表的个人基本情况、学习情况的总结等内容是需要毕业生本人亲自填写的，这些内容一定要书写工整。我国历来有"字如其人"的说法，一个人的字给对方的第一印象非常重要。书写工整不但利于面试负责人的阅读，还会给对方受到尊重的感受，在感情上拉近距离。有些毕业生对书写不注意，写字潦草，甚至错别字不断，这有违于礼仪的本质，也反映出一个人对待工作、对待事物的态度，不利于毕业生的求职。

在填写学习情况的总结时，一定要简明扼要，突出自己的优势和专长、所具备的能力、能胜任的工作。要尽可能避免涂改，保持推荐表的整洁。推荐表的所有内容填好、盖好学校的公章后，毕业生要多复印几份，在面试求职的过程中使用复印件，原件留待与用人单位正式签约时使用。

（2）求职信。

在学校组织的毕业生供需会上，直接使用毕业生就业推荐表去求职就可以了。但是许多时候，毕业生除参加供需会外，往往自己还会到其他幼儿园或单位去求职面试。因此，除准备好毕业生就业推荐表外，还要精心准备求职信。

一封好的求职信应该将自己的基本情况和求职意向表达清楚，并能给阅读者留下良好、清晰、深刻的印象。书写求职信要求字迹工整、条理清晰、语言精炼、言简意赅、短小精悍，能让阅读者在短短的一分钟内就留下深刻印象。求职信最好是用手写，这是一种基本礼貌，是对阅信人的一种尊重。手写的求职信容易让对方感受到求职的诚意。字体要求工整，可用楷书或行楷，不能太潦草。可以使用黑色或蓝黑色的钢笔或签字笔，不要使用红色笔或铅笔。求职信不能太长，而且尽量多分段，用一句话或几句话就说明一个问题。

求职信就如我们平时的书信，由称呼语、正文、结束语三部分组成。在称呼语部分，抬头必须顶格书写"某某园长"或"某某领导"，抬头后附承启语，如"您好"等。接下来就是正文部分，作自我介绍，说明自己的基本情况（兴趣、爱好、特长和优势），学习情况（学习哪些课程，所学专业的特点和适用的部门或岗位，获得的各类证书），曾获得的荣誉和奖励，求职的意向及应聘理由。在书写正文的过程中，对对方单位的称呼要使用敬词，如"贵园""贵单位"等。最后，结束语部分写上"此致敬礼""祝贵园蒸蒸日上"等祝愿的语句，并署名，写清楚写信的时间。

求职信写好后，就可以根据自己的就业需要有针对性地寄给用人单位。

最后，毕业生可以把求职信、毕业生就业推荐表、各种技能等级证书、荣誉证书、发表的论文等的复印件和优秀作品的照片等资料整理成一本有个人特色的求职材料。求职材料最好能附上美观大方的封面，在封面上写上学校名称，本人姓名、所学专业、学校地址、联系方式和联系电话。材料准备好后，可以用拉杆夹夹好，同时要多准备几份。

（3）面试物品的准备。

由于幼儿园教师职业的特殊需要，幼儿园的负责人往往在面试时要求毕业生现场展示作品或才艺。因此，在面试前要结合自己的特长，精心准备好面试用的物品。

表演类的物品：舞蹈鞋，舞蹈道具（如扇子、手绢等），伴奏音乐音响、各种表演用的乐器。

展示类的物品：美术作品（作品要大气，保持平整或装饰好，不要有折痕，更不能拿别人的作品充数），发表或曾获奖的文章，教具，获奖证书的复印件等。

（4）模拟演练。

事前的练习能帮助毕业生放松紧张的神经，并能发现问题，及时进行修正。在正式面试前，毕业生要积极参加学校组织的模拟面试，对面试的各个环节进行熟悉，同时虚心听取指导老师和同学的意见，不断地改进面试的技巧。此外，还可以几个同学为一个练习小组，大家相互演练，不断改进，积累经验，以提高面试的成绩。

二、面试中的礼仪

在求职的过程中，我们除了做好思想和相关的物品准备外，还要注意哪些细节呢？请看以下案例，能给你什么样的启发或信息？

案例导入

案例一

张晓毕业后去应聘一家幼儿园的教师职位，长相、学历样样合格，但是面试当天出了问题。原来她去见幼儿园的园长时穿了一件比较暴露的吊带衫，脚穿凉鞋，指甲油涂得五彩缤纷的。园长一看，当面就拒绝了。

案例二

某幼儿园根据收到的求职材料约见一位毕业生作为预选对象。面试时，这位同学较好的教学基本功和技能技巧基本上符合幼儿园的要求。但她忽然感到喉咙很痒，随口朝地上吐了一口痰，就是因为这一个举动，她落选了。

以上求职案例告诉我们：求职者除了要注意仪表与自我形象的设计外，还要重视个人内在的素质修养。不管是学校组织的校园招聘会，还是亲自到用人单位，求职者最好能提前几分钟到达面试的地方。一方面显示自己重视、珍惜这次面试的机会，另一方面可以趁这个时间稳定情绪，再次检查整理面试时需要的资料，放松紧张的神经，从容不迫地步入面试考场，力求给园长或面试单位留下良好的第一印象。

1. 仪容礼仪

（1）仪容整洁。

清洁面部。面试前，用洗面奶认真洗脸。洗脸时要清洗耳朵和脖子。洗脸后，适当地涂抹一些护肤品。为了显得更精神一些，可以化淡妆，注意不要浓妆艳抹，不要上眼影。在面试过程中，擦汗时要用纸巾或自备小手帕，不要用衣袖代替。

清洁口腔。保持口腔清洁是对别人的一种尊重，也是当今社会文明交往所必需的。在面试前，第一，要检查牙缝是否留有食物残渣。与人交谈时，口角不应有白沫。第二，不要吃葱、蒜、韭菜等带有强烈异味的食物，以免造成与面试负责人交谈时的不快。

清洁头发。面试前，最好清洗一次头发。面试时，头发要梳理整齐，女生的长发最好用发圈束好，男生不要留长发，不要留怪异的发型，也不要烫发、染发，头发不可有异味。进入面试考场前，应用手抖动衣物，避免上衣和肩背上落有头发和头皮屑，否则就会给人不洁的感觉。

（2）清洁手部。

如果说面部是你给对方的第一张名片，那么手就是展示在他人面前的第二张名片。面试前，要认真清洗自己的手，特别是指甲缝，更要认真清洗，并把指甲修剪整齐。不要留长指甲（这样不利于面试时进行才艺表演，如钢琴、手风琴的演奏，同时也容易给人一种不爱劳动的感觉），不要涂指甲油（这与学生的身份、年龄和日后的工作不协调）。

此外，还要注意鼻子的卫生，把鼻毛修剪整齐。男生还要把胡子刮干净。如果使用香水，建议使用清新淡雅香型的香水。

2. 仪表大方

面试是一个正式、严肃的场合，按照着装"时间、地点、目的"的三大原则，作为一名学前教育专业的毕业生，面试时的着装应以自然、质朴为原则，与学生的年龄、身份相协调，体现青春活力、积极健康，力争第一次见面就给人整洁、美观、大方、端庄、青春、明快的感觉。除了可以选择穿校服外，还可以选择一些款式与线条简洁流畅的服装。但是要注意着装不能过于花哨，不能穿超短裙、露脐装等。穿在身上的服装要平整，不要皱巴巴的。衣服的扣子要齐全，不能有绽线的地方，更不能有破洞。

鞋子要与服装相搭配。一般来说，如果是穿运动服或运动味较浓的服装（如上身是T恤衫，下身是舞蹈裤等），就可以选择穿运动鞋、布鞋；如果是穿裙子，那么可以选择穿皮鞋，但是，注意皮鞋的鞋跟不要太细太高。穿裙子时一定要穿肤色的长筒丝袜或连裤袜，袜口切忌露在裙摆之下，更不能抽丝或破洞。无论是运动鞋、布鞋还是皮鞋，鞋面都要保持干净。

学习笔记

切忌穿着凉鞋去求职面试。

另外，面试时不要佩戴饰物。

3. 言谈礼仪

案例导入

　　张宇到一家幼儿园参加面试，园长没和她聊几句就婉言拒绝了她。但是张宇没有放弃，不是像其他求职者那样一走了之，而是在临走前走到园长面前，十分礼貌地说："园长，很感谢您给我这次面试的宝贵机会，很不好意思，您的忠告让我知道我还需要努力，谢谢您！"就这样结束了面试。事后园长觉得这个小姑娘具有很大的可塑性，有培养发展的前途，于是就把她录用为幼儿园的后备人员。

学习笔记

　　从上述案例中可以看出，学会说话也是成功的基石。在面试过程中，求职者注意交谈的方式与技巧将有助于求职的成功，有时还会有意外的收获。

　　与面试负责人交谈时，要做到谈吐礼貌、语言优雅、语调柔和、语音清晰、语速适中。语言表达准确、简单明了、言简意赅，不要含含糊糊，让人听了半天还不清楚你在说什么。说话的速度不宜过快或过慢，声音不要过大或过小。坚持用"您好"开头，"请"字在中间，"谢谢"结尾。

　　学会倾听，是对交谈者的一种尊重，也是自身修养的一种表现。在与面试负责人交谈的过程中，求职者必须集中精神，专心听对方说话，记住重点内容，保持微笑，自然流露出敬意，并注视说话人。在倾听对方谈话时，要记住园长或面试负责人的姓名，身体微微倾向谈话人，表示对谈话人的重视。注意作出适当的呼应，可以用"是的""嗯""好"等词表示自己正在认真倾听，或用稍稍点头、会意的微笑等动作做出反应。尽量少用"啊""噢""哇""哦""嘛"等夸张性的语气词。不要轻易打断负责人说话，尽可能做到"多听少说"。

　　在与园长或面试负责人交谈的过程中，求职者还可以适当地配以手势、眼神和面部表情，以增强交谈的效果。法国作家罗曼·罗兰曾说过："面部表情是多少世纪培养成功的语言，是比嘴里讲的更复杂千万倍的语言"。因此，求职者要学会保持端庄中有微笑、严肃中有柔和的面部表情，不要嘻嘻哈哈或嬉皮笑脸。

"眼睛是心灵的窗户"，在和对方目光接触的过程中，目光要轻柔、亲切、真诚。求职者要正视对方的眼睛和鼻子之间的三角区。同时，注意不要左顾右盼。如果有多位面试负责人，则应环视全场，与所有的面试负责人进行目光的交流。

4. 举止礼仪

面试时举止要端庄、稳健，自然大方，有美感，不做作。站立时要直，端坐时要正，走路的姿势要端庄优雅。

在与面试负责人的交往中，求职者挺胸抬头、双目平视，能给人自信、乐观的感觉。切忌站得东倒西歪、两腿弯曲或叉开太大，不要弓着背或斜靠在同伴身上或其他物品上，不要把手插入口袋、双臂抱在胸前或双手叉腰。避免出现挠头发、摆弄衣角、咬手指甲等小动作。

在未得到面试负责人的允许前，求职者不要随便坐下。得到允许后，应说声"谢谢"再坐下。入座和起立时注意不要弄出太大的声响，入座后不要随意动椅子。坐下时，不要把整个椅子坐满。如果是穿着裙子，入座时应用手把裙子稍稍拢一下，然后再坐下。入座后注意保持良好的体态，不要抖动腿脚或跷"二郎腿"。同时，注意双手不要放于臀下或不停地摆弄头发、手指、小饰物、手中物品等，或出现捂住嘴巴、掩嘴巴、摸下巴等小动作。求职者坐下来与面试负责人交谈时，身子要适当地向前倾，以示自己正认真地倾听负责人说话。

走路时，上身应保持挺直，目光平视，面带微笑，双手自然前后摆动，步幅均匀，步距适中，步态轻盈，脚步声轻而稳，抬头挺胸，迈步向前。在行走的过程中，注意双臂不要过分摆动，脚步声不要太重，不要东张西望或低着头显得心事重重的样子，不要把手插在口袋里或倒背双手、双臂相抱。即使有什么紧急的事情，也不要在面试考场内快速行走，以免影响其他求职者。

5. 自我介绍礼仪

无论在学校组织的毕业生供需见面会上，还是毕业生亲自到幼儿园去求职面试，成功、出色的自我介绍都有助于毕业生赢得用人单位的好感和信任。赢得了好感，也就意味着成功求职的良好开端。

初次与陌生人尤其是关系到自己能否得到心仪工作的园长见面，紧张害怕的心情是难免的，要做到得体、出色地介绍自己，更不是一件容易的事。但只要我们灵活掌握自我介绍的一些礼仪礼节和技巧，就有助于我们顺利地打开求职的大门。

第一，在进行自我介绍时，求职者要面带笑容，态度自然、亲切、落落大方，礼貌地称呼对方（如"园长，您好"或"评委老师，您好"），给对方一种亲切友好的感觉。作为一名幼儿园教师，亲切友好的态度是受小朋友欢迎的。

第二，自我介绍时要抓住重点、力求简洁，要突出自己的知识和能力，如在校期间所学习的专业知识和掌握的某种技能技巧、自身的专长、具有幼儿园实习或实践的经验、兴趣爱好等，对自己的优势和闪光点重点介绍。避免平铺直叙、面面俱到。

第三，自我介绍的语言要清晰准确，最好使用标准的普通话，不要夹带方言、土话或俚语，不要使用口头禅；语气要充满自信，保持适当的语速。语速过快、过慢或语音含糊不清都是求职者紧张、缺乏自信的表现，同时也让对方无法听清或听明白求职者的表述。

第四，自我介绍要诚实、实事求是、恰如其分，要与求职材料的内容相一致，不要夸大其词、夸夸其谈。

求职者不管是以站着的姿态还是以坐着的姿态进行自我介绍，都要注意自己的仪态，避免出现吐舌头、咬手指头、绕笔杆等小动作。

一般来说，求职者进入面试考场，应该面带微笑。来到自己想要应聘的单位，一见到园长或面试负责人，就应主动热情地打招呼："园长，您好！我是某某学校的应届毕业生，我的名字叫某某，是来参加贵园面试的，请多多指教！"说完后恭敬地双手递上自己的求职资料。这样，你的面试之旅就顺利拉开了帷幕。

6.应答和询问礼仪

在面试中，园长会提出许多问题，观察求职者在回答问题的过程中的各种表现，从而考察求职者的综合素质和能力。求职者要逐一回答园长的提问。

第一，求职者在回答问题时要保持优雅的姿势和亲切的笑容，声音要响亮，尤其是在开放式的面试考场，要适当地提高音量，让园长能清晰地听到你的回答。同时，要关注园长或面试负责人，必要时点头应和。在回答过程中，求职者不要左顾右盼、注意力分散，更不要出现捂嘴巴、吐舌头、打哈欠、挠鼻子、抖动双腿、看手表等小动作，回答完后要说"回答完毕"或"请多多指教"。

第二，回答时求职者要落落大方、沉着应对、不慌不忙、准确回答，实事求是，不要答非所问、文不对题或问而不答、毫无反应，这是很失礼的表现。在应答的过程中，难免会碰到一时答不出来的问题，求职者不要一言不发，可用适当的语言来缓冲一下："这个问题我过去没认真想过，但我认为……"然后迅速地在头脑中归纳出几个主要的想法，或先说说你所了解、知道的内容，再承认自己有一部分内容还没有思考。只要求职者能从容地说出自己的想法，虽然回答不一定很完整，但是这不会影响整个面试的效果。

第三，口齿伶俐、语言流利、突出重点、简明扼要、条理清晰。由于面试的时间有限，在回答之前，应对自己要说的话稍加思考与整理，想好了的就先说，还没想好的就少说或者干脆不说。回答时不要拖泥带水、拐弯抹角、喋喋不休，免得园长听得不耐烦。

第四，要有自己的见解，不要千篇一律、千人一面，避免乏味、枯燥。有个人特色的回答才能引起园长的注意。

第五，要谦虚，有错的地方要敢于承认，不要自吹自擂或过于自我，更不能与园长发生争辩。一般情况下不要打断园长的问话或抢答，听不懂时可虚心地要求再重复一次，对重复的问题也要表现出耐心。

上述这类问题，答案没有正确和错误之分，求职者根据具体情况加以回答即可，但是要注意回答的内容与求职材料一致，不要相差太大，以免给园长留下不诚实的印象；不要谈及与面试无关的话题，也不要夸夸其谈。

为及时了解有关的情况，求职者还要充分把握好询问的机会。

一般情况下，求职者应尽量避免主动向园长提出"贵园的福利待遇好吗？""一个月有多少钱收入？""以后能否让我继续深造？"等问题。通常在面试快要结束时，园长会问："你还有什么问题吗？"这不是客套话，求职者可以顺水推舟，借此机会巧妙、婉转地向园长提出自己所关心的或更具体、更实质性的问题，像薪酬、福利待遇等。

学习笔记

相关链接

应答范例

问题一：可以说说你自己吗？

回答：我觉得自己是一个细心、热心、具有爱心的人，平时同学有什么事情要帮忙，我都会尽力帮忙。我自己的性格较急躁，老师布置的事情或作业会在短期内最快完成，不想拖拉到最后期限。对工作认真积极，遇到困难不会轻易放弃。回答完毕。

小贴士：回答这个问题，要求求职者能客观地评价自己是有一点困难的，但关键是要以诚恳的态度实事求是、不卑不亢地回答，不要胡乱吹嘘或贬低自己。以谦虚的态度对待自己的缺点也可以成为优点。同时可借题发挥说说自己的工作态度和进取精神。园长在意的不一定是求职者面试的内容而是求职者的态度。

问题二：本园对幼儿教师的要求很高很严，工作非常辛苦，你能忍受吗？

回答："严师出高徒"，有压力才会有动力。我认为自己的性格适合当幼儿园老师。因为自己富有爱心，做事认真、负责，而且能吃苦耐劳。回答完毕。

小贴士：爱心与责任心是从事幼儿园工作必备的"二心"，也是幼儿园工作与许多普通工作的不同之处。求职者能够抓住幼儿园工作的性质和特点来回答，表明自己的决心，自然会受到园长的喜爱。

选自唐志华主编：《幼儿教师礼仪基础教程（第二版）》，81~82 页，上海，复旦大学出版社，2014。

学习笔记

求职者询问时要落落大方，用期盼的目光平视园长，不要低头弯腰；询问的问题要具体，把你认为最重要的、最有代表性的问题向园长提出，不要漫无边际或唐突莽撞；态度要诚恳，不要显示出满不在乎的表情；用词要准确，不要词不达意或使用简称、方言、俚语与口头语，以免园长听不懂；语气要委婉，不要生硬冷淡；语速要适中、表达要流畅，不要因为觉得难为情就有意加快或放慢说话的速度，或者支支吾吾、说话含糊不清；声音要适度，不要过大或过小；时间要把握好，不要太长，以免喧宾夺主。

7. 才艺展示的礼仪

多才多艺的毕业生是最受幼儿园欢迎的，求职者要精心准备好要展示的才艺，做好展示前的各种准备工作，把握好充分表现自己的机会，力求在展示中把自己最精彩的一面表现出来，以求给人留下深刻的印象。

求职者要做好展示前的准备工作。这些工作主要包括：一是要做好展示前的热身工作。如唱歌前要先练练声，跳舞前要先练练基本功；二是要穿好表演时所需的服装、鞋子等；三是要准备好表演时所需的各种物品，如音响、乐器等。

才艺表演的项目和具体要求：求职者要展示的才艺主要有唱歌、舞蹈、讲故事、器乐演奏、剪纸、美工等。无论是展示哪一项才艺，求职者在展示前都应用响亮、流利、标准的普通话报出自己将要展示的才艺名称，如"大家好，我将为大家展示的才艺是舞蹈，名字叫《某某》，请多多指教"。在展示中，求职者要注意保持优雅姿势、落落大方、充满信心、大胆地表演，动作要到位、娴熟，声音要适中。讲童话故事时最好能巧妙地模仿各种人物、动物的声音、体态和神态，展示美工作品等要双手拿着或捧着，态度要诚恳谦虚。

在整个才艺展示过程中，求职者要注意把握好时间，不要占用太多的时间，同时注意不要出现吐舌头等小动作。

一般来说，如果园长提出才艺展示的具体要求和先后次序，那么求职者就要按照园长的要求进行展示；如果园长没有提出具体要求，求职者一定要先展示自己最拿手或准备最充分的才艺项目，力求留下最佳的第一印象。

才艺展示时的注意事项：在进行舞蹈才艺表演时，求职者最好是把课堂上所学的内容与自己的创编相结合，使其有自己精心组织设计的动作和内容，这样就能显示出自己的与众不同，避免出现直接把课堂内容搬到面试考场的现象，或同一毕业学校的求职者表演的舞蹈动作与内容都是一样的。在表演的过程中，可能出现突发情况，如伴奏音乐不响了。此时，求职者不要因慌张而影响表演甚至放弃表演，也不必对园长解释是什么原因。求职者的重要表现就是要继续表演才艺。其实，这能考验求职者的灵活应变能力，也是求职者表现自己的良好契机。

在进行钢琴才艺表演时，求职者要以正确的姿势坐在钢琴前，稳定情绪，果断地按下琴键，熟练地弹奏。如果是弹奏儿歌，即使园长没有要求，求职者也最好能以边弹边唱的形式进行。有时，由于紧张等原因，在弹奏的过程中会弹错音或忘记音，不要紧，保持微笑，继续往下弹奏，直到完成为止。

才艺展示结束后，求职者要把自己的物品收好、带好，不要遗忘在面试考场，尤其是剪纸后产生的废纸，求职者最好能清理干净。园长提出意见后，求职者要虚心接受。最后，鞠躬表示感谢并礼貌地退出考场。

三、面试后的礼仪

在整个面试过程中，求职者要善始善终，做好面试后的致谢和再次面试的准备工作。

1. 把握机会告辞

无论是参加学校组织的校园招聘会，还是求职者自己主动到幼儿园面试，或是用人单位约见求职者面试，求职者都要会察言观色，把握好结束面试的时机，在适合的时间向园长告辞。

一般来说，如果园长表现出心不在焉、心神不定的神态或不停地看手表，不停地整理有关的资料，或对求职者说："你的情况我们都很满意，但是还有几个求职者在等我们面试呢。""感谢你对我们幼儿园的关心，一有消息，我们就马上通知你。""我们还没有最后定下来。"这些都是在暗示求职者：面试结束了。作为求职者，应主动礼貌地告辞。告辞前把自己的资料收拾好，如果需要，把自己的求职材料留下一份。告辞时应自然、大方、面带微笑，礼貌地退出面试考场。

2. 表示感谢

无论面试的结果如何，求职者在告辞时都应向园长表示衷心的感谢。如，"非常感谢您给了我这一次难得的学习和锻炼的机会。占用了您宝贵的工作时间，希望有机会能为贵园服务，向您请教。"

3. 耐心等待

求职者不要面试刚结束就急不可待地向园长打听面试的结果。一般来说，面试结束后，幼儿园的相关领导需要进行讨论，最后才决定录用人选。如果幼儿园非常迫切需要老师，相信园长会主动联系或当场就给你一个确切的答复。求职者也可以事后主动打电话、发短信或写信给园长，询问面试的结果。这时，同样也需要注意语言措辞的礼貌礼节。

4.再次面试

一次面试结束后，如果没接到通知书，那么面试的结果是不得而知的。这时，求职者就不能放弃其他单位的面试，应尽快收拾好心情，准备再投入下一次面试。总结上一次面试的经验，找出不足的地方，并针对这些不足重新做准备，以争取最好的面试表现。

思考 与 练习

1.试收集面试求职时园长可能问及的相关问题，作出回答并请同学评议。

2.试围绕你的求职要求写一封求职信，并请老师、同学评议。

学习反思 ▶▶

模块七

家园共育礼仪

家园携手，共护童心

党的二十大报告明确指出"教育是国之大计、党之大计"，教育家精神则赋予教师"启智润心、因材施教"的使命。作为幼儿教师，家园共育礼仪不仅是职业素养的体现，更是践行二十大精神与教育家精神的关键纽带。家长会和家访是家园共育的关键环节，教师应通过规范的礼仪展现专业素养，传递教育温度。

在家长会中，教师应以尊重、真诚的态度与家长沟通，营造平等、和谐的氛围，分享幼儿成长点滴，倾听家长建议，形成教育合力。家访时，教师应注重礼仪细节，提前预约、准时到访，以亲切、耐心的态度与家长交流，深入了解幼儿家庭环境，传递科学育儿理念，促进家园协同共育。

在新时代教育强国的征程中，幼儿教师应立足礼仪规范，与家长携手播种尊重、信任与合作的种子，共同为培育德智体美劳全面发展的时代新人贡献教育力量。

学习导航

模块七 家园共育礼仪
- 任务一 家长会礼仪
- 任务二 家访礼仪

任务一
家长会礼仪

学习目标

1. 了解教师与家长交往的基本形式。
2. 掌握家长会会前、会中、会后的礼仪要求。

案例导入

　　张丽是一名新幼儿园教师。一个学期即将结束，幼儿园要求召开家长会。张丽赶忙认真地准备家长会讲稿，洋洋洒洒写了万余字，内容主要是感谢家长到会，说明家长会的重要性，具体说明孩子在园的表现，尤其是点明孩子的缺点，要求家长回家做好教育等，并提前一天让孩子告诉家长第二天必须来开会。家长会当天，张丽特意穿了一件胸前印有卡通图案的 T 恤衫，并烫了波浪卷发，显得非常年轻。会议定在下午一点。结果上午有几个家长打电话，问家长会有没有什么重要的事，没有的话就不过来了，张丽不知该说什么好。到了一点，只来了三位家长（全班 28 名幼儿）。三位家长的家长会怎么开呀？等吧。张丽等到一点半，等来了 14 位家长。这时已经有家长开始抱怨了，有几个家长还小声嘀咕"看她的装扮就知道没经验"。张丽有点慌，急忙照着讲稿念开了，五分钟不到就念完了。有家长反问："老师，我孩子在幼儿园真有那么多缺点吗？我觉得他在家里挺好的。"还有家长问："老师，还有没有什么事？"结果，家长们随后一个个离开了。

想一想

1. 为什么张丽的家长会许多家长没有按时到？到会的家长为什么抱怨？

2. 为什么有家长对张丽的介绍提出了反问？

3. 如果你是张丽，你会如何召开家长会？

家长会是幼儿园教师和家长增进彼此认识和理解，沟通幼儿在家在园表现，共同探究正确的教育方法，向家长展示办园理念和办园成果等的有效途径。家长会是一项集体活动，涉及的人比较多，有家长、幼儿、班主任、班级教师。在整个过程中，教师只有展示自己的完美礼仪形象，才能赢得家长的认同和支持。

一、家长会会前礼仪

在家长会开始前一周左右做好通知工作，确保每个家长都要通知到。在家长会开始前两天统计好要来参加家长会的人数，以准备相关事宜。会后还要与未能到会的家长进行个别沟通，或把家长会的会议记录整理好后让幼儿带给家长。

家长会当天教师服饰要整洁、端庄、严肃，女教师最好选择适合自己的套装。

二、家长会过程中的礼仪

家长到来后，教师与幼儿一起接待家长。会前教师要和每个家长做简单的交流。如果有家长来得很早，可以安排他们在活动室进行亲子游戏。

严格遵守事先规定的时间。如果教师在家长会上拖拖拉拉，延迟了家长会的结束时间，就会给家长带来种种麻烦和不便。

在开家长会的过程中，教师要为家长起表率作用，不要有接听手机、乱扔纸屑等不文明行为。

不要让家长会成为任务摊派及任务完成情况发布会。有的教师会利用家长会"号召"家长帮忙完成班级的一些事务，如帮助解决班级运动会、春游、舞蹈比赛、歌咏比赛所需要的服装、道具等。家长很有意见，只是表面不说而已。

家长会应遵循"报喜不报忧"的原则。教师不能让家长会变成批斗会，要保护幼儿的自尊心，不能让他们在其他家长面前抬不起头来，以至于自暴自弃。这不利于班级的管理，更不利于幼儿未来的发展。对于幼儿做的好事、取得的进步等好的方面，一定要在家长会这样的公开场合进行表扬，以此鼓励、强化幼儿的行为；而对于幼儿的缺点、不足、错误，则可在家访中或通过与家长个别交流的形式进行沟通。

学习笔记

三、家长会会后礼仪

家长会后，教师要礼貌地与家长告别，感谢他们抽出时间来参加家长会，感谢他们对教师工作的支持。这样的方式不仅完美地展示了教师的礼仪，可以让幼儿在其中受到良好的礼仪训练和熏陶，而且可以让家长感受到班级的温馨，使家长更愿意与教师合作，从而形成强大的教育合力。

相关链接

家长会工作计划（中班）

会议时间：××××年××月××日

会议地点：中二班教室

参与对象：带班教师、全体家长

会议内容：

1. 介绍班级教师。

2. 新学期工作计划。

教育教学：本学期，根据幼儿年龄特点及家长的需求，我们的教育教学工作将从生活中选题，以节日、季节、自我保护、民间艺术、我的家乡等主题开展活动。期间穿插了数学方面的知识，包括数字的认知、数量、时间、空间、方位等知识的传授。本学期内容比较丰富，学习量大。同时还请家长准备练习本，孩子做练习，对增强理解能力会有很大的帮助。这也可为孩子进入小学后顺利适应小学的学习打下良好的基础。

特色：本学期要求班班有特色。根据孩子的兴趣，确定我班的特色为"小主持人"。

家园联系：我班的"家园栏"将记录孩子在园的表现，如教师对孩子的观察记录、孩子的作品、孩子的进步。家长也可以记录孩子在家的表现、育儿心得等，共同汇集在"家园栏"里。

3. 家园共育。

（1）家庭教育的重要性。

（2）幼儿园教育与家庭教育互相结合。

4. 幼儿在园生活情况介绍。

一杯二巾制。每个孩子都有自己固定的小毛巾、小杯子。每个孩子都有自己的标识（小动物或水果），便于幼儿认识。

5. 学习自己吃饭。孩子在幼儿园要学会自己用筷子吃饭。

6. 自己穿脱衣服、叠被子。

7. 懂礼貌、讲文明。孩子每天入园要和老师问好、和小朋友问好。平时要学会礼貌用语。其实孩子的学习很大部分来源于模仿，所以不管是老师还是家长都应该注意自己的一言一行，为孩子树立好的榜样。

家长如有疑问或有意见、建议，请提出来以便我们共同探讨。让我们本着"一切为了孩子"的共同目标，携起手来，把我们的孩子培养成为高素质的人才。

选自张琳主编：《幼儿园教育活动设计与实践（第二版）》，42～44页，北京，高等教育出版社，2013。

思考与练习

幼儿园要召开家长会，请自定会议主题，设计一份家长会主题活动方案。

要求：

1. 请同学们以学习小组为单位制定家长会流程，拟写家长会通知、家长会发言稿等。

2. 能够掌握家长会前、家长会中、家长会后的礼仪要求，并分角色扮演，练习家长会时的教师礼仪规范。

◉ 学习反思 ▶▶

任务二
家访礼仪

案例导入

　　王老师班上的皮皮又做错事了，下午他不经丽丽的允许，私下拿了人家的彩笔，为此和丽丽吵架，把丽丽气哭了。丽丽家长找到了幼儿园，王老师生气极了，下午一放学就直接去了皮皮家家访，向皮皮爸爸告了一状，还把皮皮爸爸批评了一顿。皮皮爸爸很是尴尬，打了皮皮一巴掌。

　　定期家访是幼儿园教师必不可少的工作。通过家访，教师可以与家长面对面地就幼儿的教育问题进行较为充分的交流，得到家庭的配合和支持。

一、登门家访礼仪

1. 选好时机，预约家访

　　教师登门家访的时间选择要恰当，最好是利用家长比较空闲的时间，如幼儿放学后或双休日。时间太早或太晚都不合适，特别要避免在午休、

想一想

1. 王老师的家访有哪些不合适的地方？会造成什么不良后果？
2. 如果你是王老师，你准备怎样进行家访？

用餐时间前往。登门家访前，教师一定要事先通过打电话、写便条、捎口信等方式与家长预约，不告而访是非常失礼的。另外，预约家访是商量式的，而非命令式的。教师同时应告知家长家访的目的，让家长有思想准备。

遵守时间是交往中极为重要的礼仪，因此教师在家访时要按约定的时间到达。过早抵达，家长可能会因没有完全准备好而感到难堪；迟迟不到，会让家长担心，让家长等待也是很失礼的行为。

2.服装整洁，举止得体

教师在家访前应适当修饰一下自己，服装不整、穿着随意是不尊重家长的表现。到幼儿家时，应轻声敲门或按门铃，切忌不打招呼擅自闯入。进门后，应礼貌询问主人是否需要换鞋。要主动和屋内所有人打招呼。落座时，要说"谢谢"，坐姿要优雅。主人敬茶，要欠身双手接过并致谢。除非家长主动请你参观，否则不要东转西瞧，但可以要求看看幼儿的房间以示关心，并对幼儿做些了解。

教师的家访时间不宜过长。在双方都坐好后，应尽快进入主题，不要东拉西扯、浪费时间，达成目的应立即告辞。

3.用语合理，避免责难

教师在家访刚开始时，可以简要说些寒暄话，夸夸主人的房间布置、养的花草等。无论学生家境贫富，教师都要表现得不卑不亢、平和自然。在谈话中，教师要向学生及家长渗透"孩子无论聪明还是笨拙，在教师眼中都是可爱的孩子；父母无论显赫还是平庸，在教师面前都是孩子的家长"的理念。谈话过程中，应该对幼儿多表扬、少批评。哪怕此行确实是因为幼儿犯了大错误要与父母协商，教师也要先找一些幼儿身上的闪光点做铺垫。交谈时幼儿最好在场，如果教师需要单独与父母交流，可以预先告诉父母，预设幼儿不在的环境，不能强行让幼儿回到自己房间回避，那是对幼儿的不尊重。教师如果与家长有分歧，即便是家长态度不好，教师也要始终使用礼貌用语，不能与家长斗气，也不能对幼儿发脾气。教师因另外找时间与家长进行沟通。

二、电话家访礼仪

1. 通话前需要注意的礼仪

（1）选择合适的通话时间。

教师拨打电话一般选择电话接听效率高的时间。一是休息时间尽量不要打电话。晚上9点以后和早上8点之前为休息时间，尽量不要给家长打电话。二是进餐时间尽量不要打电话，节假日一般也不要打电话，以免占用家长得来不易的休息时间。确有急事非打电话不可，教师在电话里也要和家长说一句"抱歉，事情紧急，打扰您了"。

（2）形成良好的拨打电话习惯。

教师在拨打电话前，要对本次电话家访所要了解的情况心中有数，必要时可列一个提纲，以免拿起话筒后语言啰唆、词不达意、占线时间太长或遗忘一些要点，而给家长留下不好的印象。同时，应该备好纸、笔等文具，以便能随时记下通话要点。

2. 通话中需要注意的礼仪

在家长接听电话后，教师要先自报家门。可以这样说："您好，我是某某的班主任某老师，请问您是某某的父（母）亲吗？"一定不能开口就问"你是某某的家长吗"，这是非常失礼的。

教师要考虑家长是否方便与你在电话中长时间交谈，在征得对方同意后进行交流。

在通话过程中，注意背景不要太吵。如果是在课间休息时间打电话，教室可能会很吵，应尽量找个安静的角落。不要强制幼儿保持安静，这样会打扰幼儿的正常游戏和休息。

如果在打电话时突然又有其他的电话打进来，而且是紧急电话，你与家长的谈话几分钟内又不能结束，那么就应该和家长说"对不起！请您稍等，我先接个电话"，或者说"我这有个紧急电话要接，请您先挂机，一会儿我再打给您"。

如果打电话拨错了号码，应该说一声"对不起，打扰了"。

3. 通话结束时需要注意的礼仪

结束电话交谈一般应当由拨打电话的一方提出，然后彼此客气地道别，

学习笔记

互道"再见"后再挂断电话。教师不可只管自己讲完就挂断电话。

三、电子邮件家访礼仪

电子邮件发送快捷，书写方便，家长在收到教师的邮件后马上就可以回复，因此具有较强的时效性。家长和教师可以针对幼儿教育的某一问题进行充分的沟通。电子邮件已成为一种新的家访形式。

在邮件发送后，要通过手机短信或电话等形式通知家长，加以验证，确认邮件已被家长查收。

电子邮件对家长的称呼一般采用"某某先生"或"某某女士"，落款是"班主任：某某"，内容要求清楚明了、简明扼要。除适当的祝福语外，不宜拖沓。切忌出现错别字，这是对教师为人师表形象的损害，家长由此可能会质疑你的教学能力和专业素质。

思考与练习

1. 登门家访的礼仪有哪些？

2. 电话家访需要注意哪些问题？

3. 根据教师设计的场景，以学习小组为单位进行角色扮演，练习家访礼仪。

场景1 小虎近几天一直没来幼儿园，教师准备进行一次家访。

场景2 课间，甜甜的妈妈打电话来幼儿园，了解孩子的在园情况。

场景3 一向活泼开朗的鑫鑫最近突然变得沉默少语，脾气执拗，甚至和小朋友闹矛盾，把小朋友推倒弄伤了。你给鑫鑫的父母写一封电子邮件，说明情况。

实践训练

1. 4人一组，角色扮演班主任教师、爸爸、妈妈、幼儿，练习登门家访礼仪。

2. 两人一组，角色扮演班主任教师、爸爸，练习电话家访礼仪。

3. 正确书写电子邮件。

4. 按照家访时的服饰、语言、举止等礼仪要求，达成家访的目标。

学习反思 ▶▶▶

参考文献

1. 斯静亚，卓宜男．职场礼仪与沟通（第五版）．北京：高等教育出版社，2024

2. 杨廷树，李以盛．幼儿教师礼仪（第三版）．北京：高等教育出版社，2024

3. 金正昆．现代礼仪．北京：北京师范大学出版社，2006

4. 金正昆．职业礼仪．北京：人民教育出版社，2014

5. 郭　华．教师礼仪与修养．北京：北京师范大学出版社，2015

6. 刘素梅．教师礼仪素养．长春：东北师范大学出版社，2010

7. 王景华，邹本杰．礼仪修养．北京：北京师范大学出版社，2013

8. 李显仁．幼儿教师礼仪．长沙：湖南大学出版社，2012

9. 赵雅卫，李显仁．幼儿园教师礼仪．北京：北京师范大学出版社，2013

10. 沈淑明，丁仁富．幼儿教师职业礼仪．北京：人民邮电出版社，2016

11. 张　琳．幼儿园教育活动设计与实践．北京：高等教育出版社，2010

12. 唐志华．幼儿教师礼仪基础教程．上海：复旦大学出版社，2014